陶瓷产业集群与区域发展系列丛书　　左和平/主编

技术创新扩散、品牌建设与陶瓷产业集群协同发展研究

THE RESEARCH ON COLLABORATIVE DEVELOPMENT OF TECHNOLOGY INNOVATION DIFFUSION、BRAND BUILDING AND CERAMIC INDUSTRY CLUSTER

焦明清◎著

图书在版编目（CIP）数据

技术创新扩散、品牌建设与陶瓷产业集群协同发展研究/焦明清著．—北京：经济管理出版社，2019.1
ISBN 978－7－5096－5171－1

Ⅰ.①技…　Ⅱ.①焦…　Ⅲ.①陶瓷工业—产业集群—研究—中国　Ⅳ.①F426.7

中国版本图书馆 CIP 数据核字(2017)第 135839 号

组稿编辑：杜　菲
责任编辑：杜　菲
责任印制：司东翔
责任校对：董杉珊

出版发行：经济管理出版社
（北京市海淀区北蜂窝 8 号中雅大厦 A 座 11 层　100038）
网　　址：www. E－mp. com. cn
电　　话：(010) 51915602
印　　刷：北京虎彩文化传播有限公司
经　　销：新华书店
开　　本：720mm×1000mm/16
印　　张：10.5
字　　数：137 千字
版　　次：2019 年 1 月第 1 版　　2019 年 1 月第 1 次印刷
书　　号：ISBN 978－7－5096－5171－1
定　　价：68.00 元

·版权所有　翻印必究·
凡购本社图书，如有印装错误，由本社读者服务部负责调换。
联系地址：北京阜外月坛北小街 2 号
电话：(010) 68022974　　邮编：100836

前　言

自20世纪80年代以来，科技不断的突破和信息技术的迅猛发展，不仅给创新思维迸发提供了成长的沃土，也为产业链条完善和品牌体系构建奠定了发展基础。品牌大量涌现、产业群数量剧增成了全球经济发展的显著特色。时代的进步让分工精细化、产业集聚化和区域经济发展特色化日渐兴盛，学术界和实务界也掀起了围绕技术创新、经济协调等内容的研究高潮。技术创新扩散、品牌建设与产业集群协同发展，除了可以促进技术水平提升、知名品牌打造和产业优化升级，更能充分利用协同模式下的协同效应和规模效应等优势进一步扩大经济效益、提升产业核心竞争力。

基于此，本书依托宏观背景，以技术创新扩散、品牌建设与陶瓷产业集群协同发展为主要研究内容，重点运用模型分析和案例研究的方法对上述协同发展模式展开全面探析，以期为推动技术创新及其扩散、凝聚产业品牌竞争力、促进产业转型升级和彼此间协同发展提供可行性建议。本书主要内容如下：

第一，从理论综述入手，对当前技术创新扩散、品牌建设与产业集群三个方面的国内外研究成果进行梳理，便于更好地理解产业集群、技术创新等核心概念和相互间联系，为后续展开协同作用机理探究奠定基础。

第二，利用层层递进的方式，先对技术创新扩散、品牌建设与产业集群发展进行两两相互作用分析，再对三者协同演化的作用机理深入研究。充实了本书理论支撑，为建立协同发展模型及进行模型分析提供了论据。

第三，搭建研究技术创新扩散、品牌建设与产业集群协同发展的模型，为此，首先对影响三者协同发展的各类因素进行分析，比较后得出建立在系统分析、产学研合作、创新驱动基础上的研究模型，以使本书研究更客观可信。

第四，在理论研究和模型验证的基础上，围绕协同发展的不同模式及其协同效应深入研究，概括归纳了不同协同发展模式的优缺点和适用情况，以便更好地了解协同模式的建立路径，推动这一发展模式的实务应用。

第五，选取佛山、淄博和景德镇三个地理区位不同、发展特色各异的典型陶瓷产业集群地作为研究样本，在前文理论铺垫和模型构建及模式分析的基础上，对三地的协同发展模式及其作用效果进行深入而全面的比较分析。不仅得出了三地集群演进和协同发展的共性规律和个体特性，更为本产业其他集群地乃至其他行业协同模式的建立提供了宝贵的经验借鉴。

第六，总结全书，结合理论基础和客观现实，提出促进技术创新扩散、品牌建设与陶瓷产业集群协同发展的可行性建议。

本书有助于丰富和拓展我国陶瓷产业集群研究理论，有助于国家和产瓷区地方政府制定宏观经济政策和产业发展规划，引导陶瓷产业健康发展。

目　　录

第一章　导论

一、研究背景

随着科技的飞速发展，技术创新已成为世界各国抢占科技制高点、提高创新能力的重要手段。世界知名企业纷纷根据各自的发展战略，投入大量人力、物力来提高技术创新能力，使之成为企业国际市场竞争中的制胜法宝。国内外学者先后进行了大量卓有成效的研究，试图揭示技术创新的机制、规律。技术创新已成为全球竞争的主旋律。

20 世纪 80 年代以来，我国有关技术创新、技术进步和科技与经济协调发展的问题越来越受到政府有关部门、学术界和实践界的高度重视。1996 年 1 月国家科委通过《技术创新纲要》，1996 年 8 月国家经贸委宣布启动实施“技术创新工程”，1999 年 8 月党中央、国务院召开全国技术创新大会，2006 年 1 月党中央、国务院作出事关我国现代化建设全局的重大战略决策：建设创新型国家。2012 年底召开的党的十八大明确提出“科技创新是提高社会生产力和综合国力的战略支撑，必须摆在国家发展全局的核心位置”，并强调要坚持走中国特色自主创新道路、实施创新驱动发展战略。

在实践上，华为、联想、同方威视、北新建材、东鹏、新中源、斯米克等一大批企业通过技术创新，逐步获得了市场竞争优势；学术界在借鉴国外技术创新研究成果的基础上，紧密结合我国国情，对技术创新的机制、过程、方式、作用、战略、组织和政策等进行了系统的分析与探讨，并得到了科技部、国家自然科学基金及地方科技局的大力支持，相关研究方兴未艾，逐步深化。

品牌的形成和大量涌现、产业集群数量的激增和成功实践是当今全球范围显著的经济现象。品牌建设与产业集群的发展都离不开技术创新的支撑。技术创新的重要作用主要通过技术创新扩散来实现，技术创新扩散一方面可以把技术创新的成果转移到企业，通过提高企业的消化、吸收与再创新能力，打造自身的品牌；另一方面利用技术创新的成果促进产业集聚升级，重塑区域产业品牌，提升产业集群的发展能力。产业集群中企业由于地域的邻近，往往将创新技术直接转移给集群企业，共同承担技术创新风险，降低创新产品成本，加速技术创新扩散，而集群内企业获得创新技术的优先性，在形成品牌的同时，还会吸引一些外部企业加入集群，从而加速产业集群的形成；同时，创新技术的有效扩散会驱使创新技术形成品牌并促使创新技术群集的产生，借此推动整个产业集群中企业的技术创新和发展，带动区域经济繁荣。

可以说，品牌建设、产业集群的产生和演化过程实际上就是一个复杂的技术创新扩散的动态过程，不同的品牌会催生不同的产业集群。我国已经形成江西景德镇、广东佛山、山东淄博等一批各具特色的陶瓷产业集群，而不同的产业集群所需要的技术创新扩散、品牌建设及发展模式也不尽相同。然而，作为一门独立且完整的学科体系，技术创新扩散理论与方法还不够完善，相关研究取得了一定成果，但技术创新扩散与品牌建设、品牌建设与产业集群、技术创新扩散与产业集群以及技术创新扩散、品牌建设与产业集群等方面的基本规律、协同发展的模型、模式以及典型案例等研究尚处于探索阶段。因此，借鉴国内外技术创新扩散、品牌建设与产业集群已有相关研究成果，结合我国正在推动的创新驱动发展战略与区域可持续发展战略，系统研究技术创新扩散、品牌建设与陶瓷产业集群协调发展不仅十分必要，而且意义重大。

二、研究意义

系统研究技术创新扩散、品牌建设与陶瓷产业集群发展的关键问题，具有重大意义。

（一）理论意义

该研究可以丰富、深化与发展技术创新扩散、品牌建设与产业集群的相关理论研究，探究其内在的发展规律、模型、模式，有利于建立具有我国特色的相关创新管理理论与方法，为提升企业创新能力、增强区域创新实力、加快推动创新型国家建设提供可靠的理论支撑。

（二）现实意义

党的十八大把创新驱动发展提升为国家战略，表明我国已经逐步告别资源驱动，开始走向创新驱动的发展轨道。而创新离不开技术创新扩散，技术创新扩散在延伸创新与科研成果应用的同时，更有利于增强企业或区域的品牌建设；企业或区域的品牌建设又可以促进产业集聚，进而加速产业集群的形成与发展。该研究成果可以有效解决科技与经济“两张皮”的问题，促进科技与经济的紧密结合，加快技术创新成果的转移与扩散，促进企业与区域的品牌塑造与建设，指导现有陶瓷产业集群的发展以及促进其他地区建立符合本地特色的陶瓷产业集群，驱动陶瓷产业集群持续、协调、可持续发展，进而推动区域经济的健康发展。

三、研究思路

系统研究技术创新扩散、品牌建设与陶瓷产业集群发展是以技术创新扩散、品牌建设与产业集群发展相关理论为基础而进行的，首先，本书梳理和回顾了技术创新扩散、品牌建设与产业集群发展相关的理论及研究进展，归纳、总结与分析技术创新扩散、品牌建设与陶瓷产业集群发展的基本规律，为后续的进一步研究奠定理论基础。其次，在分析相关影响因素的基础上构建技术创新扩散、品牌建设与陶瓷产业集群的协同发展模型，探讨技术创新扩散、品牌建设与陶瓷产业集群的协同发展模式。最后，通过不同区域典型案例的对比分析得出结论，并提出相应的发展对策。本书的研究思路如图 1－1 所示。

四、研究内容

本书的总体框架与结构安排如下：

一是导论。导入性内容，主要介绍选题背景、意义、研究思路、研究方法及研究内容，说明本书的主要创新之处与不足。

二是技术创新扩散、品牌建设与产业集群相关理论分析。为了更好地研究技术创新扩散、品牌建设与陶瓷产业集群发展，有必要去了解有关技术创新扩散、品牌建设与产业集群发展的相关概念和理论知识，本章对技术创新扩散、品牌建设与产业集群三个方面的相关理论及相关文献进行了梳理和总结，分析主要问题与未来发展趋势，为后续研究奠定理论基础。

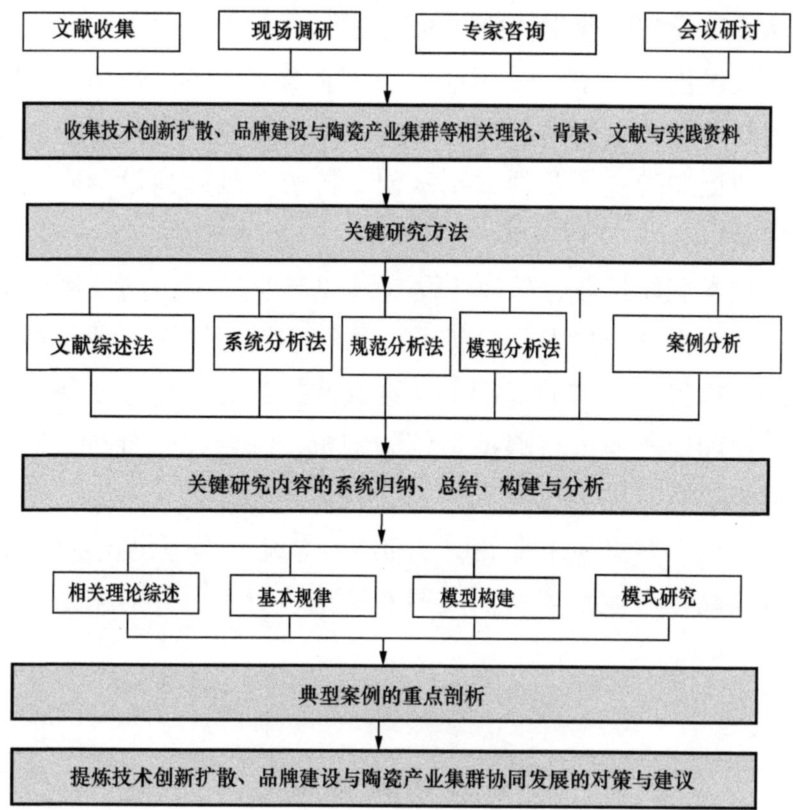

图1-1 本书研究思路

三是技术创新扩散、品牌建设与产业集群发展的机理分析。在简要总结技术创新扩散、品牌建设与产业集群每一理论基本规律的基础上，重点分析技术创新扩散与品牌建设、技术创新与产业集群及品牌建设与产业集群发展两两之间的作用机理，尤其是技术创新扩散、品牌建设与产业集群协同发展的规律。

四是技术创新扩散、品牌建设与产业集群协同发展的模型分析。要建立技术创新扩散、品牌建设与产业集群协同发展模型，必须分析影响技术创新扩散、品牌建设与产业集群协同发展的关键因素，在此基础上，分别基于系统分析、产学研合作及创新驱动，建立技术创新扩散、品牌建设与产业集群协同发展模型。

五是技术创新扩散、品牌建设与产业集群协同发展的模式研究。归纳整理与总结技术创新扩散、品牌建设与陶瓷产业集群协同发展的模式，以便促进陶瓷产业领域技术创新扩散、品牌建设与陶瓷产业集群协同发展。

六是技术创新扩散、品牌建设与陶瓷产业集群协同发展的案例比较研究。在前文分析技术创新扩散、品牌建设与陶瓷产业集群协同发展的机理、模型、模式的基础上，重点选择具有特色的景德镇、佛山及淄博三地陶瓷产业进行典型案例的剖析，综合比较分析，以找出其中的共性规律及差异。

七是结论、对策与未来展望。归纳、总结、提炼出技术创新扩散、品牌建设与陶瓷产业集群协同发展的结论、对策，并对未来发展进行展望。

五、研究方法

本书主要在技术经济学、产业经济学、创新管理学、科技政策学等多学科的理论基础上，结合国内外技术创新扩散、品牌建设与陶瓷产业集群的最新理论与实践，研究我国技术创新扩散、品牌建设与陶瓷产业集群协同发展的基本规律和对策。

采用的研究方法主要有：

1. 文献综述法

本书主要针对技术创新扩散、品牌建设与产业集群的相关理论和文献，广泛收集、整理前人的研究成果，并对相关的理论进行综述，有利于更好地借鉴前人的研究成果，为本书奠定理论基础。

2. 系统分析法

本书注重系统性研究，全面、系统地反映 21 世纪以来国内外有关技术创新扩散、品牌建设与陶瓷产业集群协同发展的成就和未来发展趋势。

3. 规范与实证研究相结合的方法

规范研究是指自上而下的科学研究，通过资料检索、文献综述等方式，对与本书相关的内容进行综合分析，采用演绎的方法建立规范、提出观点。实证研究就是自上而下开展科学研究的方法，通过归纳、抽象和总结，提出研究观点和成果。

4. 模型分析法

本书利用定性模型与定量模型相结合的分析法，先用定性模型分析技术创新扩散、品牌建设与陶瓷产业集群协同发展存在的主要问题，再用定量模型研究技术创新扩散、品牌建设与陶瓷产业集群协同发展的内在规律，为得出科学结论提供技术方法的支撑。

5. 案例分析法

本书选择不同区域、不同特点的陶瓷产业，具体分析其技术创新扩散、品牌建设与陶瓷产业集群协同发展的关键点、相同点与差异之处，有利于提高管理与决策水平。

六、创新与不足

（一）可能的创新之处

（1）系统分析了技术创新扩散、品牌建设与产业集群协同发展的内在机理，提出技术创新扩散、品牌建设与产业集群协同发展的系统分析模型、生产函数模型及新增长模型，归纳提炼出技术创新扩散、品牌建设与产业集群发展的六种模式。

（2）采用典型案例分析法，重点剖析景德镇、佛山及淄博三地陶瓷产业技术创新扩散、品牌建设与陶瓷产业集群发展的实践，综合比较其异同点，有利于提出符合我国陶瓷产业发展的对策与建议。

（二）研究存在的不足

（1）如何构建技术创新扩散、品牌建设与陶瓷产业集群协同发展的模型。这里涉及如何认识技术创新扩散、品牌建设与陶瓷产业集群的各自发展规律、相互之间的作用机理及协同发展问题，因此，采用单一的研究方法可能无法深入理解与挖掘其内在规律，必须借助文献分析、系统分析、规范与实证相结合的分析等多种研究方法，并加强现场调研、专家咨询与会议研讨，才能对技术创新扩散、品牌建设与陶瓷产业集群协同发展的大系统有比较系统、全面的认识，才能构建出科学合理的模型。

（2）验证模型所需要的相关数据（事实）的收集与整理问题。在收集数据过程中遇到有些数据（事实）不准确，或难以查到的情况，这会对模型的实证分析带来困难。所以，本书尽量采用国外权威机构、国家统计局或地方政府发布的权威数据，此外，如确有必要，可以通过调查问卷或实地调研等方式来收集。

（3）相关专业知识不足。技术创新扩散、品牌建设与陶瓷产业集群协同发展是一项复杂的系统工程，涉及技术、产业、市场、管理等各个方面，对研究人员提出了很高的要求，要求研究人员具有扎实的理论基础、广博的专业技术知识及广阔的视野。因此，为了更好地完成本书的研究工作，建议研究人员加强对技术创新扩散、品牌建设、陶瓷产业集群、区域协同发展等方面的学习，同时多与行业专家、地方政府主管部门进行沟通与交流，加强对陶瓷企业实地考察，以切实促进研究工作的顺利开展。

第二章 技术创新扩散、品牌建设与产业集群相关理论分析

创新驱动发展已逐渐成为全球未来发展的重要趋势，有望成为促进全球未来经济增长的新引擎。技术创新扩散、品牌建设与陶瓷产业集群发展的相关课题已经引起了国内外专家、学者的广泛研究，并取得一定的研究成果，这为本书的研究奠定了基础。为了更好地研究技术创新扩散、品牌建设与陶瓷产业集群发展，有必要从三个研究视角对相关文献进行回顾和整理，包括：技术创新扩散理论相关文献综述；品牌建设理论相关文献综述；陶瓷产业集群理论相关文献综述。这样可以总结与分析主要问题与未来发展趋势，为后续研究奠定理论基础。

一、技术创新扩散理论

（一）相关文献综述

长期以来，学术界对技术创新存在广义与狭义两种看法：广义的技术创新认为技术创新包括从技术的研究与开发、首次被商业化应用到其被大规模推广应用的完整过程，因而应该将技术创新扩散也包括在内；狭义的技术创新认为技术创新仅仅是指一种新技术、产品或者工艺首次被引入市场的过程。技术创新理论的鼻祖熊彼特就将技术变

革的过程划分为三个阶段：发明、创新和扩散。Freeman（1982）曾将技术创新扩散与发明和技术创新进行了严格的区分。倾向于将技术创新和技术创新扩散分开来研究。由于技术创新扩散的特征、规律和影响因素明显不同于技术创新产生的特征、规律和影响因素，本书认为将两者分开来研究是十分必要和有益的。

技术创新扩散过程是完整而独立的技术与经济相结合的过程。一项新技术、产品、工艺等，“除非得到广泛的应用和推广，否则不会以任何物质形式影响经济”（Stoneman，1987）。Freeman（1982）也认为，真正对社会经济产生巨大影响的是技术创新的扩散。Metcalfe（1988）认为，“扩散研究的重要意义远远超过了对单个创新的任何细节的研究”。美国经济学家舒尔茨（L. Scholtz）认为创新扩散是指“创新通过市场和非市场的渠道的传播”，并指出“没有扩散，创新便不可能有经济影响”。经济学家罗杰斯（E. M. Rogers）认为扩散是创新在一定时间内，通过某种渠道，在社会系统成员中进行传播的过程。Jaffe（1993）通过对技术专利引用数据的分析发现，技术创新的溢出和扩散具有高度的本地化特征。Stoneman 等（1994）认为不仅实践中缺乏针对技术创新扩散的公共政策，而且学术界也忽视了对创新扩散政策的研究。Morosini（2004）认为企业采用技术创新的利益动机、企业外部环境对技术创新扩散的要求及采用创新的能力三种力量的综合影响，促进集群内的企业产生采用技术创新的行为。Hall（2004）从经济学角度将技术创新扩散的影响因素总结为四个方面：创新技术带来的效益、采用技术所需的成本、行业和社会环境以及采用新技术的风险性。Alkemade 等（2005）研究发现消费者根据自身偏好以及网络中的邻居决策决定是否购买新产品，而这又直接影响企业是否对相应的创新技术进行采纳①。Mac Garvie（2005）通过专利引用来衡量国际

① Alkemade F.，Castaldi C. Strategies for the Diffusion of Innovations on Social Networks［J］. Computational Economics，2005，25（1-2）：3-23.

技术扩散，研究得出技术与资源在空间上的邻近以及共同的背景有利于国际技术创新扩散[①]。Waguespack（2005）认为大多数的行为科学研究不涉及时间，将时间作为一个基本要素是技术创新扩散研究区别于其他行为科学研究的重要特征。Nill（2008）基于演化理论提出了创新扩散演化理论研究框架，并据此实证研究了钢铁制造业的清洁技术创新扩散问题。Sneddon 等（2011）通过研究澳大利亚羊毛检测新技术的扩散演化过程，发现创新扩散受到潜在采纳者的社会环境、外部因素以及系统内群体的模仿行为等因素的影响，并且这些影响作用会随时间而变化。

自 20 世纪 80 年代中后期以来我国掀起了研究技术创新的热潮，但是，绝大部分研究集中在狭义的技术创新过程，很少有研究真正涉及技术创新的扩散过程。武春友等（1997）认为，技术创新扩散是技术创新大过程中的一个后续子过程，但同时它又是一个完整的独立的技术与经济结合的运动过程。傅家骥（1998）认为，技术创新扩散是技术创新通过一定的渠道在潜在使用者之间传播、采用的过程，技术创新扩散过程是一种学习活动，即在模仿基础上的不断的自主创新活动，如同通过学习“温故而知新”，当采用某技术创新所获利益的期望大于企业在采用创新过程中所支付的学习、调控成本时，技术创新扩散就发生了。康凯（2004）认为技术创新扩散是一个渐进过程，各潜在采用者在技术创新采用过程间存在一定的时间间隔，而且采用的风险和采用带来的竞争优势会随着时间的推移而逐渐降低。潘成华（2001）从市场角度分析其对技术创新扩散的影响，包括市场对潜在使用者采纳决策的影响、市场对创新拥有者扩散行为的影响以及创新技术自身特性对扩散的影响[②]。毛霞（2006）对我国变频空调技术的

---

① Mac Garvie. The Determinants of International Knowledge Diffusion Measured by Patent Citations [J]. Economics Letters, 2005, 87 (1): 121-126.

② 潘成华. 市场因素对技术创新扩散的影响 [J]. 科技进步与对策, 2001 (2): 120-121.

扩散进行了实证研究，得出了市场集中度、企业规模、产权性质和开发程度对技术创新扩散的影响①。曾刚、林兰（2006）从空间视角研究了技术创新扩散的影响因素，并且联系区位理论以张江科技园为研究对象进行了实证。杨金玲、张士平（2007）通过定性研究后指出，我国的技术创新扩散在经济、中介、人力资源、激励政策以及产权保护等方面受到一系列问题的影响，并根据研究给出了政策建议。董景荣（2008）从企业角度分析了其采用创新的影响因素，主要包括创新的属性、信息的传播渠道、企业的外部环境和自身条件等对技术创新扩散的影响②。汤长安（2008）利用动态博弈理论和 Blackman/ Fisher-Pry 模型分别对技术创新在集群内部企业间的扩散方式及扩散过程进行分析，提出了以政府为核心的产业集群初期技术创新扩散过程模式。此外，他还采用博弈分析方法对集群内企业间技术创新扩散过程进行了分析，并在此基础上构建了产业集群成熟期技术创新扩散过程模型。董景荣、周洪力（2008）从利益角度出发，提出了分析技术创新扩散过程的新模型——事件扩散模型，并将它与已有的扩散模型进行比较，通过联通公司 CDMA 技术扩散的实例分析，证明了应用事件扩散模型解释技术创新扩散更具有合理性和更强的适应性。董景荣（2009）则认为，技术创新扩散是指一项技术创新成果产生以后，通过不同的途径，向社会其他领域转移和渗透的商业化过程，同时，它又是一个受社会系统及其环境影响的社会化过程，是实现生产技术进步、推动社会发展的重要手段。赵骅、吴丹黎（2010）基于对技术创新扩散产业化过程的实际研究，构建了主导企业和追随企业的竞争及收益函数的博弈模型，分析了产业环境下创新技术向集群内部的扩散和在集群内部企业间的扩散。陈国宏等（2010）基于技术创新扩散过程 Bass 模型，提出 Bass 修正模型，并进行了仿真、分析、比较。邵云飞、杜晓

① 毛霞. 技术创新扩散影响因素实证研究［J］. 重庆科技学院学报，2006（2）：44－47.

② 董景荣. 技术创新扩散的理论、方法与实践［M］. 北京：科学出版社，2008.

明（2011）基于时间和空间距离因素，构建产业集群内的技术创新空间扩散模型，应用数据仿真实验分析了在集群内进行技术创新空间扩散的动态过程，结果表明，距离影响集群内的技术创新扩散速率，且空间距离与采用技术创新的企业数量呈负指数关系，此外，还探讨了模型参数变化对技术创新扩散的影响。段存广等（2012）结合产业集群与技术创新扩散的条件和路径关系，对产业集群内部和外部环境与技术创新扩散动力因素的自强关系进行了分析，发现技术创新扩散从创新源开始阶段扩散就已经开始了，并影响着技术创新扩散的效果。田文佳（2013）基于技术创新扩散理论，对知识密集型企业技术创新扩散影响因素进行研究，建立了影响因素构成—模型构建—实证分析—政策体系分析框架，构建了促进知识密集型企业技术创新扩散的对策体系。

可见，国内外学者对技术创新扩散内涵、过程、模型及分析框架等方面进行了较为系统的研究，取得了一定的共识：仅仅完成狭义的技术创新并不会对社会经济及发展产生影响，社会经济变化的实现是由技术创新扩散来完成的，如果没有扩散，技术创新对于社会、经济等方面的影响永远只是一种潜在的可能性。目前国内外对技术创新扩散的研究主要集中于认识和描述层次，重点在于研究创新扩散的一般过程、规律和影响因素，在研究较多的创新扩散模型方面，现有的模型大都局限于对历史数据进行宏观拟合，没有对微观用户创新采纳行为的分析。而对于产业集群与技术创新扩散的内在机理、模式及案例研究等相对较少，尤其是对陶瓷产业集群方面的研究则更少。在建设创新型国家的今天，进行技术创新扩散加速产业集群等方面的研究无疑具有重大意义，且存在很大的研究空间与发展余地。

（二）技术创新扩散的基本规律

技术创新扩散是从创新者提出创意、创新研发、创新成果转移等各个阶段扩散到技术创新接受者，影响与提升接受者创新能力与水平的动态过程。归纳总结国内外有关技术创新扩散的研究，主要表现为如下基本规律。

1. S 形曲线效应

技术创新扩散的 S 形曲线效应是 Mansfield 于 20 世纪 60 年代初研究得出的结论，即在某一时间段内（t 到 $t+1$）采用一种新技术、实施技术创新扩散的企业数目占该行业企业总数的比例取决于三个因素：该行业开始采用该技术的企业所占比例 P、采用该技术的获利能力及采用该技术所需投资占该行业内各企业平均总资产的比重，由此验证了技术创新扩散的 S 形曲线效应（见图 2－1）。

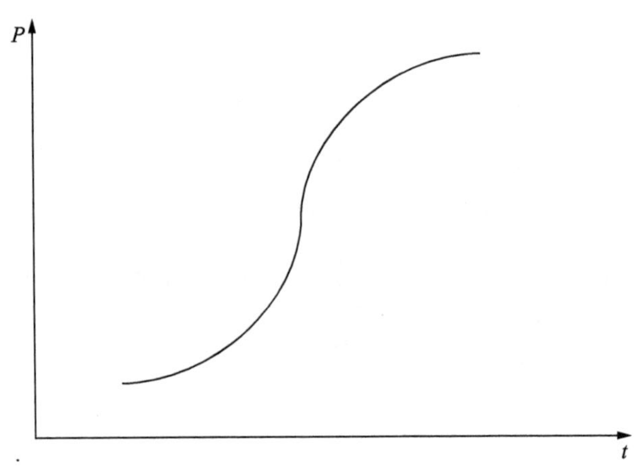

图 2－1　技术创新扩散的 S 形曲线

Mansfield（1968）进一步研究认为，企业规模也是决定技术创新扩散速率的一个因素，较大的企业往往比较小的企业更快地采用创新技术。并且企业管理人员的年龄与教育程度也影响技术创新扩散速率，拥有较年轻且受过良好教育的管理人员的企业，通常更进取。新产品和新设备在潜在用户的扩散进程中，广告等促销活动有着不可替代的积极作用。那些可能减少就业机会的创新技术的扩散过程，往往会因

工会的抵制活动而受阻。当创新技术要求采用者拥有新的、更多的专业知识和更多的协同工作技巧时，该创新技术的扩散进程往往较缓慢。

进入21世纪后，随着互联网的兴起，尤其是大数据、云计算及物联网的普及，技术创新扩散的S形曲线呈现出一些新的特点。例如，中小型企业往往比大企业更容易接受新技术成果；技术全球化，新型信息化、工业化使得技术、信息与产业不断深度融合，技术扩散的速度呈现加速趋势等。

2. 后发效应

技术创新扩散进程中还存在后发效应，较迟开始采用创新技术的国家或企业有时会比较早开始者更快地达到充分扩散程度。例如，在新老技术并存的情况下，较迟开始者往往只花费比较早开始者更短的时间（接管时间），就会使新技术在新老技术组合中所占的比重迅速地从10%上升至90%（戴雪梅，1999）。

窦丽琛、李国平（2004）的分析结果显示，对中国大部分地区而言，并不存在技术上的后发优势，只在高新技术地区内部及相对于国外技术先进地区存在一定程度的后发优势。

笔者认为这种技术扩散的后发效应要求技术创新扩散的受体具有如下前提条件：一是有自己的企业发展战略，有明确的技术路线图；二是有很好的消化、吸收与再创新能力；三是有良好的创新团队，能够从技术创新者那里吸取经验与教训；四是有很强的执行力，从而节约大量的时间与实施成本；五是有良好的政策环境；六是找到合适的商业运营模式。

3. 溢出效应

20世纪60年代，MacDonald第一次把溢出效应视为FDI的一个重要现象。段利钟、刘思峰（2003）构建了技术创新扩散溢出效应模型，描述了技术创新扩散场中溢出效应随时间的推移对技术吸收方科技能力的影响及作用规律，发现扩散的速度受到需方吸收能力和供需双方技术差距大小的共同影响。吴建军、仇怡（2007）对我国 R&D 存量与技术扩散效应之间的关系进行了理论和实证研究，结果显示 R&D 投入越多，对新技术吸收能力越强，引进、吸收再创新能力及自主创新能力越强。Zahra 和 Hayton（2008）对多家跨国制造企业的研究表明，在国际经营活动中知识外溢对技术创新扩散的影响受到吸收能力调节作用的影响。

不同产业的溢出效应存在差异。正如周瑞敏（2012）研究结果发现的，信息产业溢出效应强度最大，是溢出的源头性产业；化学工业、通用和专用设备制造业、交通运输设备制造业的溢出感应和溢出效应强度均比较突出，是高新技术产业技术创新扩散溢出中的渠道性产业；仪器仪表及其他计量器具制造业、电气机械及器材制造业对来自高新技术产业的溢出感应强度较明显，产品应用领域广泛，是溢出的载体性产业。

技术扩散的溢出效应具有重要作用。研究发现，溢出在诱发产业融合、促进产业结构调整、加快经济增长方式转变中的作用效果显著。从短期看，影响因素比较复杂，溢出效果起伏明显；从长期看，溢出效果具有明显的时间积累效应。刘湘君（2012）认为，技术知识的溢出效应越明显，信息越易于扩散，企业越容易获取技术创新信息；当信息知识和市场结合起来共同溢出，最终变成利益溢出，从而可以提高企业的创新热情。

4. 集聚效应

技术创新扩散不仅具有溢出效应，而且技术创新扩散过程还有着显著的空间集聚效应。由于存在着地理空间的集聚，技术创新在地区范围内传播得更快，同时，在技术密度较高的地理区域，新技术扩散得更快（Lundvall，1988）。一是创新扩散过程有着显著的空间集聚效应（Cantwell，1991；Feldman，1993；Audretsch，1995；Almeida 和 Kogut，1997）；二是扩散过程的空间发展过程遵循近邻效应（Neigh-

borhood Effect)。由于存在着地理边界的技术外溢，因此地理空间邻近对创新扩散有着重要影响（Jaffe，1986；Jaffe 等，1993；Feldman 和 Audretseh，1995），扩散过程的空间发展过程遵循近邻效应。

5. 复杂性

技术创新扩散的复杂性是一项复杂的系统工程，系统中各元素之间存在着动态的非线性联系，具体体现在如下方面（刘书艺、孙锐，2011）：

（1）技术创新扩散主体是由各个企业、高校、科研机构、中介组织、行业协会及政府所组成，具有多样性及行为目的的复杂性。

（2）技术创新扩散主体联系非线性，因为主体之间通过网状结构而形成的知识流、信息流、资金流和实体流的交换，网络的乘数效应使得主体之间的关系呈现出更大的复杂性。

（3）创新技术复杂性是一项创新技术从创意的提出到研发成功，再到首次的商业化运用以及技术的广泛扩散与传播，为了提高产品性能，不断地对生产技术进行创新，技术发展不断由简单到复杂，再到更高层次的简单的螺旋式上升的过程。

（4）技术创新扩散多层次性不仅存在于企业内部、企业与其他主体之间的扩散，还表现为人员之间、部门之间的互动。一般来说，越是复杂的系统，层次就越多。

（5）技术创新扩散环境动态性，这是涉及技术、经济、社会、企业、信息、人文等众多因素的复杂系统，各种影响因素相互关联、相互作用，并且随着时空的推移而发生变化，共同决定着创新技术的扩散模式；同时，技术创新扩散主体要根据环境的动态变化不断地进行自我调整，反过来影响环境因素的动态变化及相互关系。

总之，技术创新扩散主体的多样性、主体联系的非线性、创新技术的复杂性、创新扩散的多层次性及环境的动态性共同决定了技术创新扩散的复杂性。

二、品牌建设相关理论

随着经济全球化与一体化，尤其是我国加入 WTO（世界贸易组织）后，对品牌的研究大多出现在市场营销理论中，而市场营销正从产品销售阶段发展到品牌营销阶段，我国企业要融入国际竞争中，品牌研究的范围也要有相应的拓展。

（一）相关文献综述

下面主要结合我国陶瓷行业品牌建设相关文献进行简要分析。

1. 从陶瓷企业的角度看品牌建设

张纯等（2006）分析了品牌建设对我国陶瓷企业竞争力提升的意义，并提出建设中国特色的陶瓷品牌文化，以科技打造高品质陶瓷产品、做好品牌定位、做到有效的品牌宣传、增强品牌保护意识、品牌发展整体规划等建议。刘拥军（2007）认为，具体企业的品牌建设研究是一个综合性课题，具有一定的复杂性和实践性，他以四川省新万兴（集团）瓷业有限公司品牌建设作为研究对象进行了品牌建设理论与实践相结合的应用性研究。李国庆（2010）认为，陶瓷品牌面临着品牌意识不强、认识不够，控制能力不够、管理不力，品牌宣传不力、推广乏术，研发投入不足、设计较差，技术基础薄弱、装备落后，质量标准落后、档次较低，缺少文化依托、没有个性，人才素质不高、缺少“通才”，缺乏领袖企业、规模较小，核心竞争力差、存在“短板”，国际经营落后、外拓不力，品牌战略滞后、缺乏前瞻等“成长的烦恼”；并提出增强品牌意识、创新品牌管理、注意品牌推广、加大科技投入、打造优质产品、培育核心竞争力、实行品牌标准化、营造品牌文化、强化人才培养、培养规模企业、制定品牌规划等一系列举措，以不断提升品牌塑造能力，从而获得持续竞争优势。何雨薇等（2012）认为以陶瓷企业为代表的中国工业企业虽然屡遭不公平对待，但外部压力也提供了建设民族品牌的契机，必须走品牌建设的道路。吴峻（2012）认为，陶瓷企业如果要打造具有影响力的高端品牌，除了保证产品质量，还有必要组建专业的团队，进行品牌推广和相应的高端渠道建设，让外界尽快了解并接受企业的产品和品牌。

2. 从技术创新的角度看品牌建设

刘希宋、姜喜龙（2007）研究探讨品牌概念理论上的扩展，导出企业创新能力与品牌竞争力的关联性及协调性模型，分析企业创新能力与品牌竞争力的乘数效应理论，得出企业创新能力与品牌竞争力的关联函数[①]。刘婷（2012）分析了技术创新和品牌成长之间的关系，利用相关性分析证明了技术创新与品牌成长之间存在正效益，她取四个高技术品牌企业为案例研究对象，分析总结了它们在技术创新促进品牌成长过程中的成功经验和做法，得出以下结论：①品牌成长是一个动态的过程，品牌资产作为消费者关于品牌知识的概念，其价值可以用来衡量品牌的成长。②对于高技术企业来说，技术是促进企业成长的重要因素，技术创新带来的技术、产品优势，对于高技术品牌的成长有着显著的推动作用，技术创新构成了品牌的技术基础和价值源泉，而品牌价值的提升也是技术创新的最终目标。③在知名高技术企业的成长历程中，企业的技术创新活动通过产品、过程、服务等方面来影响品牌的建设，增强品牌的竞争优势。④我国高技术企业要从政府和企业自身两个方面来积极提升技术创新的能力，加强品牌建设，打造具有竞争优势的我国高技术品牌企业[②]。邢祥焕（2013）认为，

① 刘希宋，姜喜龙．企业创新能力与品牌竞争力关联性理论研究［J］．科学学研究，2007（3）：557－560.

② 刘婷．基于技术创新的高技术品牌成长研究［D］．北方工业大学硕士学位论文，2012.

品牌建设与技术创新是提升企业竞争力的两个来源，二者紧密联系，相互影响，缺一不可，技术创新是品牌建设的核心，品牌建设有助于技术创新，企业必须使两者协调发展，并结合案例分析了品牌与技术创新的关系，通过分析其相互作用的机理，借鉴生物学上的DNA双螺旋理论建立了它们之间的双螺旋机制[①]。殷瑞雪（2015）分析了技术创新与品牌成长的辩证关系，建立了技术创新促进品牌成长的模型及品牌成长促进技术创新的模型，选取了鲁花集团作为研究对象分析总结了其技术创新与品牌成长相互促进的成功经验，得出如下结论：①维护品牌成长对于企业来说具有重要的经济学意义；②技术创新与品牌成长是辩证统一的，两者相互依托、相互促进；③我国企业应重视技术创新对品牌成长的促进作用，利用技术创新促进品牌成长[②]。可见技术创新与品牌建设关系密切，但技术创新扩散作为技术创新的最终与关键环节，对品牌建设有何影响，其内在机理、模型及途径等方面尚不清楚。

3. 从区域品牌的角度看品牌建设

夏曾玉等（2003）在对比企业品牌、区域品牌、国家品牌的基础上，结合区域经济学、产业经济学等经济理论分析了区域品牌的特性，指出温州模式下高速发展的温州民营经济带来了较强的区域品牌效应，以温州制鞋产业集群为例，对温州区域品牌建设进行了理论分析，并就相关影响因素进行了探讨。喻卫斌（2004）提出了区位品牌的概念，他认为产业集群因同类聚集、竞争、合作、学习和创新的内在机理和弹性专精的生产方式，创造了产业集群的营销优势，促成了区位品牌的形成。区位品牌既具有品牌一般属性，又具有特殊性，培育和建立区位品牌，对于促进产业集群持续健康发展，推进区域经济发展意义重大。因而，企业、政府及行业协会应共同打造和强化区位品牌。

① 邢祥焕．企业品牌建设与技术创新双螺旋机制的研究［J］．经济师，2013（12）：48－50.

② 殷瑞雪．技术创新促进品牌成长作用机制研究［D］．山东财经大学硕士学位论文，2015.

沈鹏熠等（2008）认为，基于产业集群的区域品牌有特定内涵，在实践中可形成不同的主导模式和演进路径；区域品牌建设又隐含着若干动力机制的综合作用，构成区域品牌发展进程中的重要驱动力；不同地区应结合自身的产业现状和特点，灵活运用区域品牌理论，选择合适的区域品牌发展战略和策略。薛振宏（2012）总结唐山市创新工作思路，就是积极帮助陶瓷企业强化技术创新、深化品牌建设，推动唐山陶瓷产业转型升级。

4. 从产业集群的角度看品牌建设

陈怡（2008）认为利用产业集群优势，打造区域品牌，成为区域经济转型发展的战略性思路，并以产业集群、区域品牌、品牌塑造营销等理论为研究基础，从北流日用陶瓷产业集群的角度出发，以“北流陶瓷”区域品牌为研究对象，为“北流陶瓷”区域品牌制定战略发展规划，提出发展实施策略。李海东（2012）认为产业集群是塑造区域品牌的重要途径和载体，而区域品牌是产业集群发展的高级产物，代表着一个区域产业产品的主体和形象，是做大做强产业集群与发展区域经济的有效途径。他以景德镇陶瓷产业集群为例，探讨了景德镇陶瓷产业集群和景德镇陶瓷区域品牌的形成与发展历程，并提出了景德镇陶瓷区域品牌的发展战略。王丽萍（2013）从山东淄博周村区基于产业集群的区域品牌建设现状出发，分析了其中存在的问题，并提出了相应的区域品牌发展的对策与建议。

（二）品牌建设的基本规律

根据现代营销学之父科特勒的定义，品牌（Brand）是销售者向购买者长期提供的一组特定的特点、利益和服务。品牌一般有狭义的品牌与广义的品牌。狭义的品牌是通过理念、行为、视觉、听觉等方面对产品、利益和服务进行标准化、规则化，使之具备特有性、价值性、长期性、认知性的一种识别系统总称。而广义的品牌是具有经济价值的无形资产，用抽象化的、特有的、能识别的心智概念来表现其差异性，从而综合反映其在人们意识中的地位与作用。总之，品牌是给拥有者带来溢价、产生增值的一种无形的资产，其载体是用于和其他竞争者的产品或劳务相区分的名称、术语、象征、记号或者设计及其组合，增值的源泉来自消费者心智中形成的关于其载体的深刻印象，是对其产品以及服务的认可，是一种品牌商与顾客购买行为间相互磨合衍生出的产物。因此，品牌是一种识别标志、一种精神象征、一种价值理念，是品质优异的核心体现。

品牌建设是品牌相关主体根据自身的核心理念与价值，沿着价值链，不断从多角度、多层次、多领域来培育核心竞争力、创造核心价值和提升持久影响力的动态创新过程，因此具有如下规律。

1. 生命周期

品牌建设有一个产生、发展、成熟、衰退到消亡的过程，这就是其生命周期。一个产品或服务的品牌从来都不是无缘无故产生的，它必须具有产生的自然环境、政策条件、人才储备及技术支撑。而随后要取得快速发展则要求产品或服务的内在条件与外在环境相互协调，并实现二者之间的有机统一。当这种有机统一持续到一定时间，品牌的价值达到最大，就意味着其进入成熟阶段。随着内部优势的逐步丧失与外部环境日益恶化，品牌将逐步步入衰退直至消亡的阶段（见图2－2）。

由图2－2可见，品牌建设的生命周期告诉我们，品牌创立后，在其成长的过程中，由于市场的不断变化，需求的不断提高，企业的品牌资本可能壮大，也可能缩小，甚至某一品牌在竞争中退出市场。因此，品牌建设存在一定的风险，对其评估也存在难度、有时由于企业的产品质量出现意外，有时由于服务不过关，有时由于品牌资本盲目扩张、运作不佳，这些都给企业品牌建设与维护带来难度。

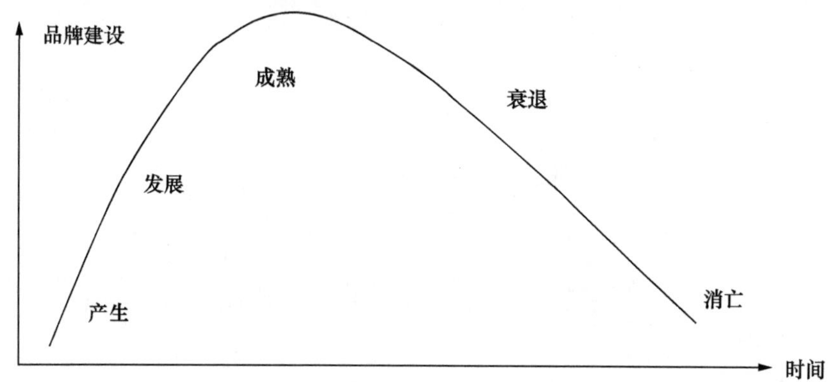

图2－2 品牌建设的生命周期示意图

2. 价值增值效应

品牌建设的一般规律告诉我们，在当今瞬息万变、激励竞争的国内外市场中，一种产品或服务要打造成品牌必须进行品牌塑造与品牌建设，并要充分认识到品牌价值在品牌建设过程中的核心主导地位。品牌价值是由品牌价值链上的价值创造、价值揭示、价值感知等一系列价值活动生成的，品牌价值的实质就是品牌价值链上各个价值活动的内在统一（唐贵珍，2013）。

当然，品牌建设的品牌增值效应必须有其物质载体，需要通过文字、图案和符号，产品的质量、服务、知名度、美誉度、市场占有率等一系列物质载体来表现自己，使品牌形式化。没有物质载体，品牌就无法表现出来，更不可能达到品牌的整体传播效果，也无法体现其内在价值。品牌作为无形资产，其价值可以有形量化，同时品牌作为商品交易，也可以表现为多种形式，如有以品牌入股形式组建企业的，更有以品牌授权发展特许经营的。

3. 集聚效应

实践证明，区域品牌建设具有磁场集聚效应，可以有效地转变区域经济增长方式、推动产业结构优化和增强区域产业集群核心竞争力（见图2－3）。

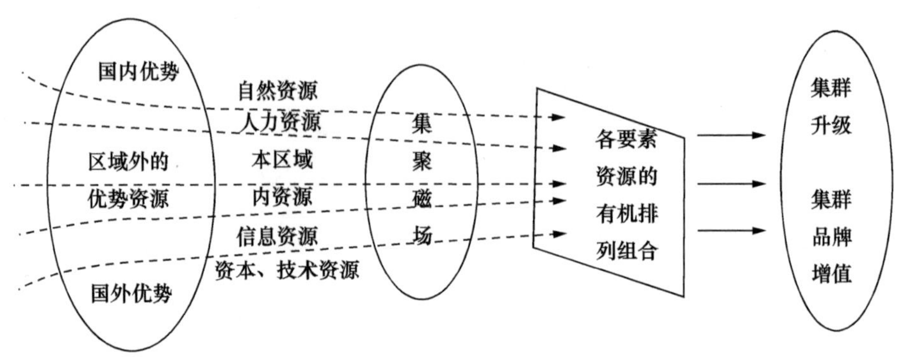

图 2－3　品牌建设的集聚效应示意图

由图 2－3 可知，充分利用国内外优势及区域外的优势资源，结合本区域内的自然资源、人力资源、信息资源、资本、技术资源等，通过打造区域品牌，形成集聚磁场，就能实现各要素资源的有机排列组合及优化配置，推动集群升级，提升品牌价值。

4. 反馈效应

品牌建设具有很强的反馈效应。反馈可分为负反馈和正反馈。负反馈使输出起到与输入相反的作用，使系统输出与系统目标的误差减小，系统趋于稳定；正反馈使输出起到与输入相似的作用，使系统偏差不断增大，使系统震荡，可以放大其控制作用。品牌建设的负反馈效应是指当企业品牌遭遇危机时受到社会或消费者的不满或质疑，如果企业能够认真检讨自己的生产、销售、管理与服务行为，不断提高产品质量、管理水平与服务水平，就可以把社会或消费者的不满降到最低程度，从而促进企业品牌建设。而品牌建设的正反馈效应是指当品牌建设符合社会主流价值或消费者的青睐而得到外界的赞扬与鼓励，品牌企业就会更加努力，生产出更多更好的品牌产品，获得越来越好的评价。可见，只要企业善于利用负反馈与正反馈的效应，都可以促进企业品牌建设。

三、产业集群相关理论

（一）相关文献综述

产业集群理论已经成为区域经济学、产业经济学等学科研究的核心问题，国内外学者对这一理论和现象的研究文献浩如烟海。对产业集群现象的理论解释可以追溯到马歇尔（1890）的产业区理论。传统和现代的空间经济地理学派主要是从经济地理的角度研究产业集群。韦伯1909年在《区位论》一书中从工业区位理论的角度阐述了产业集群现象，最早（1929年）提出聚集经济的概念，他在分析单个产业的区位分布时，首次使用聚集因素。随后，佛罗伦斯（1948）、罗煦（1954）提出了增长极理论。而新经济地理学的代表人物克鲁格曼（1991）则从外部性和交易成本的角度分析了产业集群现象，提出了新贸易理论，并发展了韦伯的聚集经济的观点。直至20世纪90年代，波特（1990）在其《国家竞争优势》一书中提出竞争优势理论，“集群”第一次正式出现，其含义是：在一个特定区域的一个特别领域，集聚着一组相互关联的公司，供应商、关联产业和专门化的制度和协会通过这种区域集聚形成有效的市场竞争，构建出专业化生产要素优化集聚洼地，使企业共享区域公共设施、市场环境和外部经济，降低信息交流和物流成本，形成区域集聚效应、规模效应、外部效应和区域竞争力。之后波特又提出了经典的钻石模型理论，使得产业集群的竞争优势理论逐步走向了成熟。

国内学者对产业集群的研究始于20世纪80年代中后期，当时，江浙一带的乡镇企业集聚迅速发展起来，国内学者在对这些区域进行调查、研究的基础上，提出温州模式、苏南模式和江浙模式（陈建军，

2000）等成功发展模式。而对陶瓷产业集群的研究则始于2004年，张纯等（2004）研究中国陶瓷业产业集群升级对策，丁卫东（2004）从产业集群效应拉动规模经济的角度分析中国建筑卫生陶瓷产业集群问题，刘文镇等（2004）以晋江陶瓷建材产业为例探讨如何打造陶瓷产业集群。刘善庆等（2005）使用AHP建立特色产业集群竞争力评价指标体系，以赣、粤、闽陶瓷特色产业集群为例进行实证分析，指出市场控制能力、技术创新能力、组织资源和制度背景是特色产业集群保持强竞争力的关键。谢丽新（2006）对比了福建德化和江西景德镇的陶瓷产业集群的创新模式，指出观念创新、技术创新、制度创新、组织创新和市场创新是前者成功、后者衰退的主要原因。吴庆文等（2007）从国际市场开拓、产业政策、品牌规模、营销模式、经营理念等方面比较分析了景德镇与潮州陶瓷产业集群发展，剖析了两地陶瓷产业集群发展中的差距及产生的原因，提出了景德镇陶瓷产业集群进一步发展的对策。刘善庆等（2008）、张纯等（2012）及李海东（2014）分析了景德镇陶瓷特色产业集群技术进步的原因、结构惯例特征、升级路径及对策等。中国学者在研究国内产业集群理论与时间的过程中，已经能够跟踪国内理论研究前沿，结合具体的区域实践来分析，但在研究中仍存在一些问题尚待解决，如国内研究尚局限于某一区域而未能系统、深入地研究整个陶瓷产业集群的关键问题，并形成完善的产业集群理论体系，而且在研究过程中所采用的研究方法多处于尝试与探索阶段。

（二）产业集群的基本规律

综合分析国内外产业集群的研究主要集中在产业集群的机理、技术创新、组织创新、社会资本以及经济增长与产业集群的关系研究、基于产业集群的产业政策和实证研究方面。笔者认为，产业集群是指在特定区域中，具有竞争与合作关系，且在地理上集中，有交互关联性的企业、专业化供应商、服务供应商、金融机构、相关产业的厂商及其他相关机构等组成的群体。不同产业集群的纵深程度和复杂性相异，代表着介于市场和等级制之间的一种新的空间经济组织形式。归纳起来，产业集群存在和发展主要有以下四方面的基本规律：

1. 产业集群的内在动力来自分工协作

亚当·斯密在《国富论》一书中认为，劳动分工是国民财富增加的源泉，劳动生产率最大的提高以及运用劳动时所表现的更大的熟练、技巧和判断力，似乎都是分工的结果。企业间分工，即企业间劳动和生产的专业化，其实质是企业集群形成的理论依据所在。正是因为这种分工，企业集群才会具有无论是单个企业还是整个市场都无法具备的效率优势。而企业集群保证了分工与专业化的效率，与此同时还能将分工与专业化进一步深化，反过来又促进企业集群的发展。

马克思认为，建立在协作基础上的企业生产，可以产生比分散生产更大的效率。产生合力效应的原因：一是节约了占用的空间；二是规定时间内能集中生产完成较大的生产量；三是协作提高了生产资料的利用率与劳动生产率；四是有利于企业不同生产环节的管理和控制，可以保持生产的连续性和比例性。因此，对高效率和低成本的追求，成为产业集群形成的内在动因。产业分工是产业集群的内在动力，保证了产业效率，也进一步深化了产业分工与专业化，推进产业集群的持续发展，从而使整个产业集群获得一种外部规模经济。

2. 产业集群节约空间交易成本

空间交易成本包括运输成本、信息成本、寻找成本以及合约的谈判成本与执行成本。产业集群区内企业地理邻近，容易建立信用机制和相互信赖关系，从而大大减少机会主义行为。集群区内企业之间保持着一种充满活力的灵活性的非正式关系。在一个环境快速变化的动态环境里，这种产业集群现象相对垂直一体化安排和远距离的企业联盟安排更加具有效率。

3. 产业集群的核心是学习与创新效应

产业集群是培育企业学习能力与创新能力的温床。产业集群内的企业彼此接近，激烈竞争的压力、不甘人后的自尊需要、自我生存的迫切需要，促使企业不断进行技术创新和组织管理创新。一家企业的知识创新很容易外溢到区内的其他企业，这种创新的外部效应是产业集群获得竞争优势的重要原因。20 世纪 80 年代新产业区理论从企业与其所处的社会环境之间的互动关系入手研究企业集群的形成动因，认为决定一个国家、一个地区乃至一个企业高新技术产业发展状况最主要的因素，不是物质资本的数量与质量，而是与发挥人力资本潜力相关的经济组织结构和文化传统等社会环境因素，产业集群刺激了企业家才能的培育和新企业的不断诞生。Freeman（1991）认为集群内部存在知识溢出效应，这是促进集群创新网络发展和集群经济增长的最根本动力，是集群创新产出和生产率提高的源泉。Jaffe、Trajtenberg 和 Henderson（1993）认为，知识溢出促进产业集群的形成，知识溢出是造成集聚效应的主要动力之一，探讨了什么程度的知识溢出与地域相关的 R&D 活动有联系，并说明知识溢出在企业集聚过程中起着重要的作用。某一企业通过创新和开发所获得的新知识，很大一部分发生了溢出，成为整个产业集群中的公共知识。这些知识的溢出是企业空间距离的函数，只有空间上集聚在集群内部的企业才能获得这种知识，而一旦离开这个群体就会迅速丧失。因此，只有持续学习与不断创新才会产生知识溢出效应，才是产业集群永续发展的引擎与不竭动力。

4. 产业集群提升竞争力

哈佛大学教授迈克尔·波特（Michacle Porter）率先提出全球经济下的产业集群理论，从一个全新的视角——竞争力的角度来看待和分析产业集群现象。产业集群在竞争日趋复杂、知识导向和动态的经济体中的角色越来越重要。波特提出了由四种关键要素所形成的钻石体系理论，从竞争力角度对集群的现象进行分析和研究，结果显示，集群不仅能降低交易成本、提高效率，还能改进激励方式，创造出信息、专业化制度、名声等集体财富，更重要的是集群能够改善创新的条件，加速生产率的成长，也更有利于新企业的形成。虽然群内企业的惨烈竞争暂时降低了利润，但相对于其他地区的企业却建立起竞争优势，最终提升了集群内的企业竞争力。

四、主要问题

综上所述，国内外学者分别对技术创新扩散、品牌建设与产业集群发展等单一方面均有较多的研究，对技术创新扩散与品牌建设、技术创新与产业集群及品牌建设与产业集群发展两两之间的综合研究相对较少，与陶瓷产业相关的研究则更少，而且有关陶瓷产业集群、品牌建设等方面的研究大多从一个区域的角度进行分析，系统、全面的对比分析与研究还不多见，这为进一步研究技术创新扩散、品牌建设与产业集群发展之间的内在规律提供了可能与空间。

第三章 技术创新扩散、品牌建设与产业集群发展的机理分析

在第二章对技术创新扩散、品牌建设与产业集群相关理论综述与分析的基础上，本章重要分析技术创新扩散与品牌建设、技术创新与产业集群及品牌建设与产业集群发展两两之间的作用机理，尤其是技术创新扩散、品牌建设与陶瓷产业集群协同发展的规律。

一、技术创新扩散与品牌建设相互作用的机理分析

要分析技术创新扩散与品牌建设相互作用的机理，必须明确技术创新扩散与品牌建设各自的内在动力与外在动力，然后通过两两组合，就可以分析二者之间的相互作用机理。

（一）技术创新扩散的动力分析

技术创新扩散是广义技术创新全过程中的一个后续子过程，同时又是一个完整的、独立的技术与经济结合的动态变化过程。技术创新在企业创新主体取得创新成果后，通过特定的渠道及特定的传播载体，在某一企业集群、社会团体的成员中进行传播与扩散，企业通过技术创新获得超额利润之后，其他企业就会纷纷效仿，使创新产品或创新技术在本行业和相关行业中普遍扩散，甚至被不相关行业借鉴、改进

和再创新。因此，技术创新扩散不仅关系技术创新成果自身价值的实现，而且促进产业结构的合理化和优化升级，提高科技投入的经济效益，有效地将创新产品（或技术）扩散到行业、部门或其他领域，改善地区、行业之间的不平衡，推动社会经济的发展。

系统梳理技术创新扩散的动力因素可以分为内部动力因素与外部动力因素。下面简要予以分析。

1. 技术创新扩散的内部动力因素分析

技术创新扩散的内部动力因素主要是企业，因为企业是技术创新扩散的主体，企业家素质、组织结构、人力资源状况、企业文化及组织学习能力和企业的经营发展状况等都影响企业的技术扩散及发展动力。

企业家素质主要体现在企业家的决策水平、竞争意识、风险意识等方面。在对新技术进行综合评价的基础上，企业家要对是否采用以及何时采用新技术做出决策。

组织结构是组织各部分排列顺序、空间位置、聚焦状态、联系方式以及各要素相互关联的一种模式。它是实现组织成员工作一体化，分配决策权力以保证组织活动高效性，整合多种资源以实现降低创新成本、弱化创新风险、提高创新效率的必要手段。

企业资源包括人力资源和物力资源，从技术创新扩散的角度，企业的人力资源可以分为企业家、技术人员和一般人员，这三个层次成员素质的高低直接影响技术创新扩散及其有效性。

在组织中，企业家倡导创新型文化、推动创新、营造创新氛围和提高企业消化吸收能力等。技术人员是创新技术机会的主要发现者，同时也是企业内部技术的传播者；新技术的吸收、样品制作、试产、工艺的改变、质量控制、市场开拓等都需要技术人员的支持。一般人员是整体技术推进、实现和技术产业化的关键。

当然，技术创新扩散也往往与企业文化联系在一起，良好的企业文化，如创新精神、创新环境和团队合作精神可有效地吸收和消化创新技术。

知识的扩散在实践中多表现为引进方自身的体会、学习和创新过程。即企业的组织学习能力，主要体现在 R&D 水平、对新技术的吸收能力和效率等方面，它决定了企业是否能有效地引进和应用技术创新，带动企业的成长。

企业经营状况是企业决策是否采用技术创新的主要因素，它包括企业生产能力和市场营销水平，企业的生产力水平高低代表企业对技术创新应用的吸收程度，关系到企业对技术扩散的效益产值最大化；企业营销活动是围绕顾客需求这一核心进行的，在技术创新扩散过程中，应自始至终贯彻市场营销观念。技术创新扩散不能脱离企业生产能力的有效支持，更不能脱离市场营销的有效支持，否则许多技术的最大效益将无法实现。

2. 技术创新扩散的外部动力因素分析

外部环境对技术创新扩散也有着很大的影响，它直接关系技术信息交流，技术扩散的知识溢出效应的程度取决于所在地区环境的开放程度。段存广等（2012）认为，影响技术创新扩散的外部环境动力因素主要表现在地理环境、市场环境、政策法规环境、信息服务环境及社会服务环境等方面。

（1）地理环境对企业技术创新扩散的采用产生影响。一是某技术创新对本地生态基础的适用性，二是地理接近的空间扩散效应。生态环境基础一般对技术创新和扩散产生影响，更多的扩散研究考虑的是空间邻近效应对接受技术创新的影响。

（2）市场环境是决定企业技术创新扩散快慢的主要因素之一。市场环境包括市场结构、市场需求、市场竞争，决定了各企业的经营模式，在很大程度上影响企业采用决策的外部环境。

（3）政策法规环境能引导企业技术创新扩散，降低其风险。政策法规是指促进技术创新在一定范围内推广所应用的一切政府计划、法律法规、规定办法、规章制度及标准。政府通过不同的政策直接或间接地参与技术创新扩散过程，包括经济税收政策、投融资政策、技术引进政策和人才政策，良好的政策环境可以激励技术创新成果采用的企业和机构，鼓励主动创新和降低技术采用者的风险。

（4）信息服务环境能够优化企业技术创新扩散的软环境。信息环境是技术创新扩散得以顺利进行的重要条件，它是产业集群内外环境的重要组成部分，包括信息传播系统、交通和通信系统与信息中介机构状况。其中信息传播系统是基础的技术支撑；交通和通信系统的完善程度关系到技术创新扩散的传播速度和效率；中介机构对技术创新扩散具有的正面效应更是不可估量，它可以促成创新集群，提供创新扩散的路径依赖和各种服务，为创新技术扩散提供良好的软环境。

（5）完善的社会服务环境是技术创新扩散对社会环境的基本要求，它包括投资环境、基础设施（如交通枢纽网络）、人文环境和该地区的人口环境等，这些都是技术创新扩散培植的土壤，且其影响是长期的。

基于上述分析，技术创新扩散不仅与企业自身内部环境有关，也与企业的外部环境关系密切，技术创新扩散的速度和效用，是一个复杂系统内外交互扩散的过程。一般而言，企业引进的技术，如果外部环境不受影响，一般只有经历一个消化、吸收、适应、同化的过程，即技术学习过程能直接发挥作用，而企业本身的技术创新则涉及企业自身因素，技术扩散更是企业内生动力源和外生动力源的合力作用。根据上面的分析，我们可以做出一个产业集群内外部环境因素对企业技术扩散的影响演化图（见图3－1）。

由图3－1可以看出，企业技术扩散是在政府政策引导下，在各种外部环境作用下，企业家通过组织团队，发现企业创新需求，促使创新成果扩散，最终实现技术扩散效益的最大化。因此，企业技术创新扩散只有打破相应的壁垒，如技术壁垒、信息壁垒、环境障碍等，发挥内在的动力，技术创新扩散才能产生交互式的动力源，且外部压力与内在动力的共同作用，形成企业技术创新的动力系统。

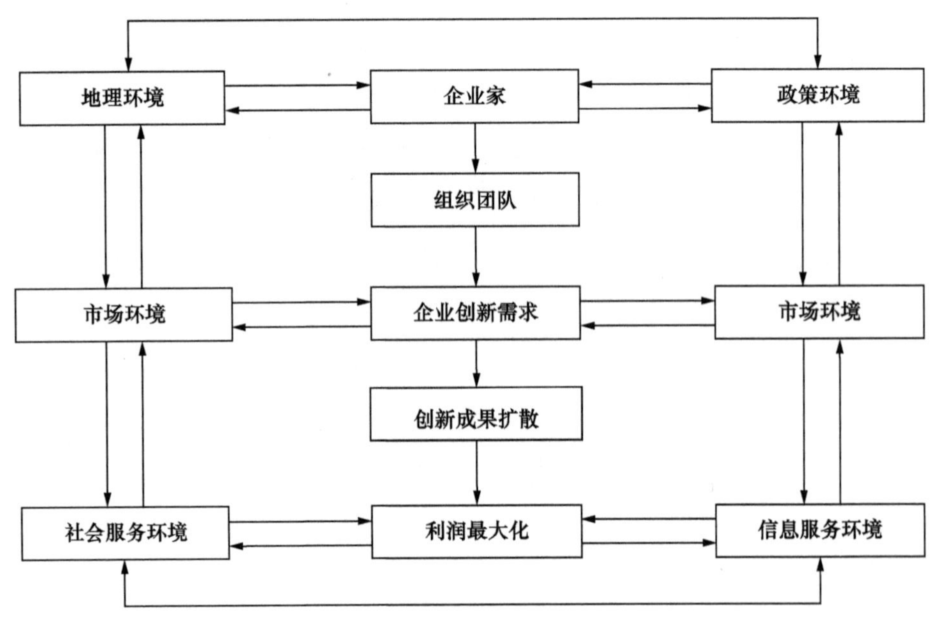

图3－1　企业技术创新扩散动力系统示意图

（二）品牌建设的动力分析

由于品牌建设是一项复杂的系统工程，在通盘考虑政策、市场与竞争对手的基础上，要综合设计、统筹谋划，实现设计、研发、生产、营销、售后服务等环节的相互协同，形成合力。品牌建设的动力包括外部动力与内部动力。

1. 外部动力

品牌建设的外部动力主要包括市场环境、政策、竞争对手及社会服务支撑系统等，下面分别予以分析。

（1）市场环境为品牌建设提供客户需求信息、行业发展现状与未来趋势，尤其是党的十八届三中全会决定要建设统一开放、竞争有序的市场体系，使市场在资源配置中起决定性作用，必须加快形成企业自主经营、公平竞争，消费者自由选择、自主消费，商品要素自由流动、平等交换的现代市场体系，这对企业的品牌建设来说，既是压力又是动力。

（2）政策引导品牌建设，影响品牌建设的走向。近年来，国家助力品牌建设的政策接二连三。从国际市场看，“一带一路”倡议、推进中国装备“走出去”、推动国际产能合作等一系列重大举措，正在引领中国品牌走向世界；从国内市场看，促进区域协调发展的一系列政策，如西部大开发、中部崛起、振兴东北老工业基地等国家战略促进了产业梯度转移，京津冀协同发展和长江经济带三大区域战略等带动了相关产业、相关地区的发展，这些政策为中国品牌建设开辟了新空间，一些区域品牌借此走向全国市场，走进千家万户。同时，为支持中国企业品牌建设，政府“有形之手”也在更加积极地优化市场环境，简政放权使企业得以更好地施展拳脚。国家工商总局副局长刘俊臣介绍，商事制度改革的大力推进，为品牌经济发展注入了新动力：“截至2015年上半年，我国累计商标申请量达1684万件，有效注册商标951万件，已经连续13年位居世界第一。我们将继续优化审查注册流程，推进商标注册便利化。”[①] 同时，打击侵权假冒行为使企业培育品牌的信心更足。刘俊臣透露：“2014年全国工商和市场监管系统共依法立案查处假冒侵权案件6.75万件，2015年前5个月又立案查处近2万件。”随着政策的不断完善，山寨、冒牌生产越来越难，正规品牌将迎来更好的发展时机，得到更好更快的发展。

（3）竞争对手通过与企业竞争和合作为企业品牌建设施加压力。

① 品牌建设，迎来最好时期［EB/OL］. http://guanli.brandcn.com/pinpaijianshe/150720_389714.html.

当今企业处在一个竞争日益激烈的环境中，新的竞争对手不断的进入，行业内整合不断加剧，对品牌建设将产生重大影响。在瞬息万变的市场环境中，谁能掌握市场先机，谁就能及时把握竞争对手的动态，谁就在竞争中掌握了主动，就容易建造起自己的品牌。所以对竞争对手进行分析就显得尤其重要。这种分析主要从竞争对手的产品、市场占有率、财务状况、产能利用率、创新能力、品牌战略、品牌影响力等方面入手，进行系统、全面的分析，掌握其主要竞争优势及存在的不足，以便取长补短，制定品牌发展战略，创建自己的品牌。

（4）行业协会等社会服务支撑系统是品牌建设的主要外在动力之一。行业协会是行业内企业出于自身利益而集中起来的一种组织形式，是介于政府与企业之间的中介组织，也是沟通市场与政府、企业与政府的中介组织。区域品牌建设与形成能给区域内的企业带来良好的经济效应，但同时也会出现某些企业“搭便车”的现象和“柠檬市场”效应，损害区域内其他企业的利益。为了维护区域品牌的持久性，使区域品牌充分发挥其正外部性作用，这就需要一种介于政府与企业之间的中介组织——行业协会的存在①。行业协会可以通过政府的授权，承担行业自律、维权、组展、服务、协调、管理等职能；通过建立企业产品目录，推动专业市场的建立；制定区域行业标准和区域品牌的使用章程或规定；组织、带领企业参加各种项目推介会、商品交易会、产品博览会、展销会、洽谈会、研讨会、论坛等活动②；同时扶持重点企业，给予技术、资讯、融资等专业性的指导。通过行业协会社会服务支撑系统的一系列有计划的经营管理活动，推动品牌建设的进程。

2. 内部动力

品牌建设的内部动力来自企业家精神、企业文化、技术创新、内

---

① 唐玉生，李叶义，廖少光．广西区域品牌建设研究：以工业为例［J］．广西民族大学学报（哲学社会科学版），2009，31（2）：96－101．

② 胡大立，谌飞龙，吴群．区域品牌机理与构建分析［J］．产经论坛，2005（4）：22－23．

部管理机制等方面。

（1）企业家精神是品牌建设的灵魂。在市场竞争中，小品牌之所以能够成为大品牌，起决定作用的往往不是企业的硬性条件，而是需要有远大梦想的支撑，同时也与企业家的能力、胸怀、观念和执着等多种因素组成的品牌软实力密不可分。企业家精神不仅是企业的灵魂还是品牌软实力的重要体现，更是企业实现品牌梦的重要推动力①。

（2）企业文化是品牌建设的源泉。企业品牌彰显了企业的文化特征和战略主张，是企业“硬实力”与“软实力”的有机统一、是物质文明与精神文明的综合体现。企业品牌建设是一个日积月累、循序渐进的系统工程，需从企业的实际出发，从大处着眼、小处着手才能见效。首先，以物质文化建设为切入点，从实事干起。其次，以制度文化建设为保障，不断完善行政管理体制，规范管理层职权，加强协调，理顺集团公司与二级公司的管理关系。再次，以精神文化建设为核心，通过建立职工之家、创新小组、技术技能比武大赛、营销能手、企业文化节等多种方式在员工中营造一种讲学习、比技术、会管理、争奉献的良好氛围等。最后，以品牌建设为主线，把物质文化、制度文化、精神文化有机地结合起来，创建服务品牌不仅能提升企业整体形象，也能给企业在同质化的服务竞争中带来优势，创造更大的经济价值，同时还具有承载企业文化建设，提升企业总体形象的功能。

（3）技术创新是品牌建设的关键。技术创新是推动科学发展与品牌建设的强大动力。加快转变经济发展方式，实现经济又好又快发展必须依靠科技的力量，把技术创新作为关键推手，把品牌建设作为核心战略，以创新促转型、以品牌建设带动发展，才能实现创新与品牌的良性互动。具体来说，就是实施技术创新与品牌战略，推动新型工

① 2013品牌中国年度人物颁奖盛典［EB/OL］. http：//www. bastc. com/industry/2013/1220/11932. html.

业发展[①]。一是改造与提升传统产业。以技术改造为抓手，促进技术创新；推进企业技术中心建设，鼓励企业创建自主创新平台；鼓励和引导传统产业打造推广自主品牌。二是扶持和壮大新兴产业，做好对这些新兴产业的科技创新与品牌建设指导工作，加大对新兴产业的技术扶持力度，加强品牌经营，以品牌效益带动产业发展。三是高水平建设高新技术产业园，发挥高新技术产业园的孵化与示范作用，鼓励大型企业建立研发中心，为科技创新提供强劲动力。四是开展“品牌进企业”活动，加强品牌知识培训、强化品牌保护意识，推动企业走品牌化发展的路子。

（4）内部管理是品牌建设的重要保障。品牌建设应明确品牌内部管理机制。首先，要建立由高管出任负责人的品牌战略管理委员会或是品牌管理部门，对自身品牌的构建与创新实行专职专管。其次，在确定管理层的专业性和职业性后，根据相关的规定制定品牌管理的规章制度，实现内部流程的简约化和有效化，实现本行业品牌营销资源的整体整合，进行整体性、协调性的品牌策划和品牌营销，并使之适应品牌建设的需要。最后，要加大对品牌构建和内部品牌管理的专业性人才的聘用和培育。只有专业性的人才才能实现品牌构建的专业性，建立一支品牌构建与专业品牌营销的团队，能够切实有效地适应不断变化的市场，制订适合自身品牌建设的规划方案。

总之，在企业家的带领下，通过企业文化，凝聚共识，形成合力，加强技术创新与内部管理，形成企业品牌建设的强劲内在动力。

综上所述，政府、市场、行业协会和企业是共同推动企业品牌建设并保持持久竞争力的“四驾马车”。但是，由于受市场规律、竞争环境、利益分配机制、企业制度、企业家素质等内外部条件的约束，它们对品牌的作用方式和效果可能会与预期发生偏离，在特定的条件

① 杨和荣．推进科技创新与品牌建设［N］．广西日报，2012－09－13.

下甚至可能异化为阻碍因素。因此，必须建立科学的品牌建设动力机制，处理好相互的利益关系，明确其在品牌建设与形成过程中的角色，使其形成一种良性互动，共同推进品牌的健康发展。

（三）技术创新扩散与品牌建设互动的机理分析

已有研究表明：品牌建设与技术创新之间是相互促进、相辅相成的关系（刘希宋、姜喜龙，2007；刘婷，2012；邢祥焕，2013；殷瑞雪，2015）。技术创新扩散是技术创新最终得以实现的关键环节、是为品牌建设服务、是品牌建设的根本和核心，而品牌建设又能推动技术创新扩散，是技术创新扩散的助推剂。下面就具体分析技术创新扩散与品牌建设互动的机理。

1. 技术创新扩散是品牌建设的核心与基础

技术创新扩散是实施品牌建设战略的核心与基础。企业只有源源不断地进行技术创新，并把技术创新成果及时有效地扩散出去，才能向市场推出新产品，不断提高产品的知识含量和科技含量、提升产品的使用功能、提高产品的附加值、提高产品的使用效率，从而扩大产品的市场竞争力和市场占有率，并适时开拓新的市场领域，这是品牌建设的基础与关键。因为品牌依附于产品，产品依赖于技术，技术最终决定了产品在市场上的表现。产品在市场上表现得越好，企业品牌的知名度就越高，品牌竞争力也就相应地得到了提升[①]。例如，华为、海尔、北新建材等企业，就是通过技术创新及扩散，不断打造了名牌产品，推动并加快了品牌建设的步伐。否则，如果企业在品牌建设中仅仅依靠在电视上、网络上采用各种营销手段来提高品牌的知名度，扩大声势，虽然在短时间内迅速打开了市场，但其品牌缺少持续创新能力、成果和优质产品的支撑，企业有牌无品，就无法塑造品牌形象，

① 邢祥焕．企业品牌建设与技术创新双螺旋机制的研究［J］．经济师，2013（12）：48－50.

品牌建设会半途而废，出现昙花一现的“品牌流星”现象。三株、爱多、秦池等品牌的创建和倒牌就是“品牌流星”的例证。可见，实施品牌建设战略必须以技术创新扩散为基础，强化创新能力的提升，这样品牌建设才能持久、才能获得永续发展的不竭动力。

2. 品牌建设有力促进了技术创新扩散

技术创新扩散的目的在于扩大技术创新成果，实现技术与经济的有机结合，只有创新产品通过了市场检验，实现了市场价值，给技术创新企业带来经济效益，才能实现技术创新扩散的最终目标，为企业持续创新提供可靠的物质保障。技术创新扩散加快了品牌建设，而品牌建设利用品牌显示产品特征，将品牌的竞争力和影响力赋予技术创新产品，不仅可以增加技术创新成果的附加值，还可以获得消费者的认可，有利于技术创新扩散取得商业上的成功，达到技术创新的最终目的。另外，品牌建设得好，知名度提高，品牌竞争力和影响力得到提升，必然会给企业带来更大的市场份额和销售量，使得企业利润增加，这将为未来企业进行技术创新扩散提供新的驱动力与物质保证。因此，品牌建设有助于技术创新扩散。

3. 品牌建设与技术创新扩散相辅相成、缺一不可，必须协调发展

品牌建设与技术创新扩散之间是相辅相成、良性互动的动态关系。一方面，技术创新扩散提升创新能力，生产出质优价廉的产品，推动品牌建设，实施品牌战略提升品牌竞争力，促使企业获得良好的、综合的社会、经济与生态效益。另一方面，良好的综合效益进一步提升品牌竞争力，推动品牌建设，加大了质优价廉产品的大规模生产，有利于进一步推动技术创新能力，为技术创新扩散提供发展动力与物质保证，进而加快了技术创新扩散（见图3－2）。

如果企业有响当当的品牌，但缺乏技术创新及扩散的支撑，该品牌将不会持久；同样，如果一个企业只顾进行技术创新及扩散，而缺乏对品牌建设的管理，技术创新的成果就不能及时得到转化，得不到

消费者的认可，也就不能占领市场，企业也就发展不了。因此，企业要借助技术创新扩散作为提升自主创新能力、培育品牌的内核，把品牌价值与效益作为衡量创新及其扩散成效的重要标准，抓住标准、设计、集成、服务等关键环节，强化技术攻关，通过引进、消化、吸收、再创新，大力增强集成创新能力，培育原始创新能力，加快拥有一批核心关键技术，只有重视两者之间的内在联系，既注重品牌建设，又持续地进行技术创新及其扩散，才能形成良性互动、协调发展的格局，打造出自主知识产权和品牌优势，保持永续发展的原动力。

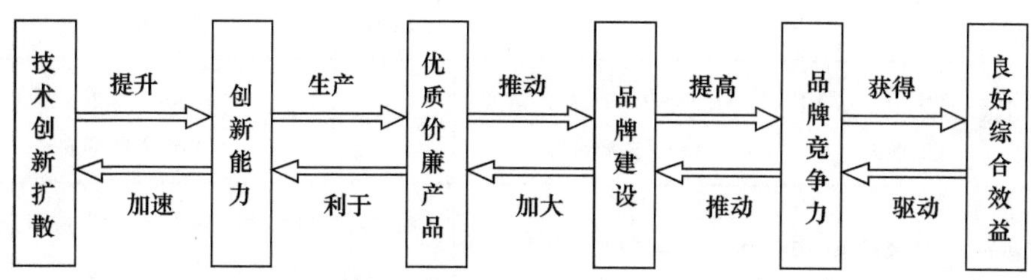

图 3－2 品牌建设与技术创新扩散的互动机制示意图

二、技术创新扩散与产业集群相互作用的机理分析

（一）产业集群的动力分析

产业集群的动力可以从不同的角度进行分析，从而得到不同的结论。

1. 从生命周期的角度分析产业集群的演化过程

Klink 和 Langen（2001）从价值链的特点、战略关系、集群发展活力、合作的领域、成功的决定因素及政府在集群发展中的作用六个方面的变化，讨论了集群生命周期演进的四个阶段，如表 3－1 所示。

表 3－1　不同生命周期阶段集群关键特质的变化

演化阶段	初创期	扩展期	成熟期	过渡期
价值链的特点	不同企业间价值链的建立	价值链中各企业专业化加强	价值链中各企业间角色固定	价值链中各企业角色的再定位
战略关系	开始建立	得到加强	得到强有力的维持	战略关系的重新组合
集群发展活力	有进入者，无退出者	有进入者，无退出者	很少有进入者，很少有退出者	很少有进入者，很多退出者
合作的领域	R&D、标准化、合作的惯例	R&D、教育、营销、共享基础设施	R&D、教育、营销	R&D、教育、新的合作惯例的形成
成功的决定因素	区域资源、知其然知识和国内市场	区域资源、知其然知识和风险投资	区域知其然知识及区域与国际定位间的平衡	新的区域资源及新的知其然知识，组织能力
政府在集群发展中的作用	提供区域有关知其然知识的信息	鼓励外包与市场的扩展	促使供应商专业化并推进整合	促进区域整合

资料来源：Klink，Langen P. D. Cycles in Industrial Clusters：The Case of the Shipbuilding Industry in the Northern Netherlands［J］. Tijdschrift voor Economische en Sociale Geografic，2001，92（4）：44－5463.

Carbonaraa 等（2002）① 更加系统地从供应链的物理（劳动分工和产品）、技术、战略和组织的维度变化探讨了集群生命周期三个阶段之间的演变（见表 3－2）。

① Carbonaraa N.，Giannocearob I.，Pontrandolfoc P. Supply Chains within Industrial Districts：Atheoretical Framework［J］. Production Economics，2002（76）：159－176.

表3-2 不同生命周期集群供应链不同维度的变化

维度	形成	发展	成熟
物理维度			
物理深度	低	高	高
物理广度	低	高	高→低
产品深度	低	低→高	高
产品广度	低	低	高
技术维度			
产品技术复杂性	低	低→高	低→高
产品工艺复杂性	低	低→高	低→高
战略维度			
企业主要目标	缩减成本	弹性与缩减成本	产品质量与差异化
运作战略	按单购买	按单制造	按单组装
产品生命周期	长	中	短
产品差异化	新	新	新→晚
供应链计划能力	分散化	分散化→集中化	分散化→集中化
组织维度			
供应链结构的控制	双向的	网络的	网络的或双向的
垂直整合	高	低	高
分包能力方面	分散的	分散的→集中的	集中的
合作层次	低	低→高	高
结构灵活性	高	高	高
知识类型	隐性	隐性	显性

由表3-2可知，在产业集群演进过程中，各物理、技术、战略和组织维度的变化分析基本上属于静态比较分析的范畴，其中，战略维度和组织维度实际上是产业集群内企业自主行为和关系行为的变化。

苏江明（2004）[①] 综合各种生命周期理论后，认为产业集群的生命周期是以群内企业的数量和质量为标志，按照群的产生、发展、成熟和灭亡的全过程，也就是集群从孕育到衰退具有阶段性和共同规律

① 苏江明. 产业集群生态相关研究［D］：复旦大学论文，2004.

性的厂商行为（特别是进入和退出行为）的改变过程，可以分为萌芽、成长、成熟、衰退四个阶段。

2. 从动态角度分析产业集群的演化过程

Pouder 和 John（1996）从动态角度、宏观与微观相结合角度向人们展示了产业集群演进的过程①。他们认为是集群拥有的资源条件、管理者的认知模式、制度化过程这三方面的因素综合作用影响了集群的创新行为，并进一步影响产业集群的演进情况。虽然他们并没有明确地将演进看作一个生命周期阶段，但是其对集群演进过程划分实质上可看作演化的生命周期阶段。首先是集群的产生和集群身份的形成阶段；其次是集群同质化阶段；最后是企业的重新定位，指集群绩效和竞争力的下降阶段。在每个演进阶段，资源经济性、认知模式和制度性力量都对集群企业的竞争行为和创新有影响，不同的创新绩效对集群演进有着不同的影响。魏守华（2002）认为，产业集群发展的动力机制来源于集群遵循的主要原理，包括地域分工理论、外部经济理论、交易成本理论、技术创新与扩散理论以及社会资本优势理论。集群的动态阶段可以划分为三个阶段，即发生、发展和成熟阶段，划分的依据是上述五种动力在不同发展阶段所起的作用是有差异的②。余秀江（2003）认为，企业群落的形成是由集中、交易效率（或市场）、分工三个因素相互促进、累积循环、共同演进而成的，企业群落的演进过程一般会经过萌芽、初级、完善、成熟及升级五个阶段③。可见，魏守华和余秀江是根据集群优势及变化来解释集群企业行为的变化和划分集群演化的阶段，并没有考虑集群劣势对集群演化的影响，如果产业集群初期没有有效处理好在产业链与价值链上的分工与协作，就会对

① Pouder R., John C. H. Hot Spots and Blind Spots: Geographical Clusters of Firms and Innovation [J]. Academy of Management Review, 1996, 21 (4): 1192-1225.

② 魏守华. 产业群的动态研究以及实证分析 [J]. 世界地理研究, 2002 (3): 16-24.

③ 余秀江. 中小企业群落演进阶段的理论分析 [J]. 华南农业大学学报（社会科学版），2003 (1): 22-27.

未来产业集群的演化与发展起到一定的阻碍作用，因此，综合、全面、系统地分析产业集群的动态演化还有进一步改进的空间。

3. 从系统分析的角度看，产业集群是一个社会性系统，是多种要素、多种主体、多种联系协同形成的集合体[①]

产业集群有效地促进了区域各种要素的结合，并且有力地推动了地方企业家创新精神的培育、地方创新主体的打造以及创新协作体系的建立，最终有利于培育适合创新开展和产业技术进步的产业环境。①产业集群环境有利于知识的积累与学习的加强。集群内垂直联系的企业、水平竞争的企业，中介机构、教育与研究部门、有经验的顾客在地理上的集中，不仅有利于高度专业化的技能和知识的累积效应，为企业提供实现创新的重要来源以及所需的物质基础，而且由于沟通的便捷性，如现场参观、频繁的面对面交流，使学习途径更加方便。同时又因为企业创新带来的财富效应，给区域内其他企业提供了直接的示范效应，激发其他企业的学习热情。另外，产业集群内同类企业集聚、系统内竞争激烈程度远超过分散的个体，优胜劣汰的自然选择机制在集群内充分展现。企业设法通过持续不断的创新来获得竞争优势是一种绝对压力，包括竞争性压力、同等条件压力、持续不断的比照压力。激励与压力并存，使企业不断加强自我学习。②产业集群环境有利于知识和技术的传播与扩散。由于交通通信和信息技术的发展，虽然编码化的知识易于在更大的地理空间内交流与扩散，但是，占据整个知识的绝大部分：决定创新能力的是隐含经验类知识。这类知识个人属性较强，一般难以用语言表达、用编码化的知识传播与扩散，而集群内企业、机构通过地理接近性和相似的产业文化，便捷了企业间通过人员流动与私人交流等形式建立起稳定和持续的关系，为组织内部及不同组织之间的隐含经验类知识准确的传递与扩散提供了基础

① 沈颖．基于产业集群的技术创新扩散模型研究［D］．长沙理工大学硕士学位论文，2009.

条件，从而有利于提高创新速度。③集群内可以提供一些来自非正式渠道但对创新起重大作用的关键信息，克服了正式渠道具有的时滞性缺陷。④产业集群可以为相关企业提供更优质、更全面、更周到的服务支撑系统，最新政策通知、技术孵化器、人才服务平台、风险投资基金及产业引导基金等可以为产业集群创造良好的服务环境与支撑条件。⑤产业集群有利于降低创新风险。集群的集聚效应和外部效应使企业容易发现创新技术所需的基本要素，如产业集群内的生产服务业更加完备、本地供应商和合作伙伴可以紧密地参与创新的过程、确保与客户的需求一致，真正使创新的模式由过去的线性模式向网络化模式转变。多方合作参与的创新既降低了创新的风险，又提高了创新的成功率[①]。

总之，分析产业集群的动力演化机制仅仅从生命周期、动态演化的角度是不够的，还需要从系统分析等更广阔的视角来探讨产业集群的内在演化机理。只有这样，才能更好地促进产业集群的快速、高效、可持续发展。

（二）技术创新扩散与产业集群相互作用的机理

技术创新扩散与产业集群之间相互影响、相互作用，具体表现如下。

1. 技术创新扩散加速产业集群的形成与发展

（1）技术创新是产业集群形成的重要因素[②]。产业集群存在着一个发展演变过程，大体可以分为形成、集聚、繁荣和深化四个阶段。产业集群的形成阶段是指一个经济区域内部集聚开始形成的初级阶段。该阶段的主要特征为轴辐式产业结构逐步形成且区域内核心产业增长

① 陈雪梅．中小企业集群的理论与实践［M］．北京：经济科学出版社，2003.

② 陈柳钦．基于产业集群的技术创新机制研究［J］．贵州师范大学学报（社会科学版），2007（1）：6－11.

迅速。从产业集群的历史经验来看，集群的形成受创新时机、产业特征、区域环境、偶然因素、政府支持因素的影响。技术创新是产业结构升级和竞争优势的制高点，它不仅要发挥大企业的技术领先作用，而且要通过成千上万家中小企业自主创新能力的增强，形成系统的波及途径和渗透效应，从而在某些产业中逐渐掌握核心技术能力。正是基于对技术溢出的追求，企业才有了集群的倾向，产业才会在地理空间上集群，从而形成产业集群。可见，技术创新是新的产业集群形成的重要推动力量。企业进行技术创新的根本目的是获得经济利润，但是技术创新的起点却是市场需求（有学者认为企业技术创新的起点是新发明）。面对新的市场需求，企业整合创新资源进行研发，开发生产出新的产品，并获得商业化的创新利益，这是一个系统的过程。在此过程中，企业技术创新对其他市场主体提出了新的市场需求，这些市场需求或者导致相关企业在附近安家落户（节省运输、交易等成本，共享信息、创新等），或者导致新企业的诞生，或者诱导其他企业也进行技术创新以满足先创新企业的需要。在这种一波又一波、一环又一环的技术创新过程中，该地区企业数量迅速增加，相关配套机构也不断进驻该地区，促进了地区产业集群的形成。产业集群反过来又进一步刺激了产业集群内企业的技术创新（竞争的加剧、合作的密切），直接推动了产业集群的形成、完善和不断升级。因此，技术创新扩散加速产业集群的形成，进而促进经济发展。技术创新扩散在经济增长过程中发挥着主导作用，区域经济增长在很大程度上取决于区域技术创新和技术创新扩散的效益外溢，产业集群的技术创新扩散与集群内企业间、集群外企业及产业集群内外部企业交叉的技术协作关系密切，有自增强和外溢出的经济效益①。技术创新扩散有利于形成有序的技术竞争规则，促进整个产业的繁荣与发展。技术创新扩散可以促进企业

① 段存广，赖小东．基于产业集群的技术创新扩散动力因素分析［J］．上海管理科学，2012，34（2）：88－92.

间的技术交流和技术合作，避免两败俱伤的恶性竞争，建立既有竞争又有合作的新的竞争规则。通过技术创新扩散为创新企业开启一个更广阔的市场，在既有竞争又有合作的新竞争规则下，将技术创新成果的市场效益推向最大化，加速产业集群的形成，带动整个产业的繁荣与发展。

（2）技术创新为产业集群的发展提供源源不断的动力。企业是产业集群的主体和基本单位，产业集群发展的基础是企业的发展，只有企业生机勃勃，产业集群才具有生命力，而企业保持生机与活力的有效方法就是技术创新。企业只有进行技术创新，才能不断降低成本，提高产品质量和服务水平，从而更好地适应市场需求的变化，最终在激烈的市场竞争中生存和发展。企业发展了，由企业组成的产业集群才能生存、发展。同时企业只有进行技术创新才能实现产品、工艺的升级和换代，这也推动了产业集群技术水平和产业结构的优化和升级，从而增强产业集群的活力，延长产业集群的生命周期。

（3）技术创新是产业集群提高竞争力的保证。技术创新能力是一个产业集群长久地保持竞争优势的关键。在产业集群内，企业的竞争力决定了产业集群的竞争力。在市场经济条件下，企业面临的不仅是区域内、国内同行之间的竞争，更是全球同行之间的竞争。面对激烈的竞争和自身拥有资源的不足，企业要想生存下去，最好的方法就是提高自身的竞争能力——进行技术创新就是众多方法中较好的一个。无数个公司成功、失败的经验教训已经证明了这一点。以市场需求为导向进行技术创新，在提高企业竞争力的同时，也提高以企业为基础的产业集群的竞争力。

2. 产业集群为技术创新扩散创造了很好的条件平台

（1）产业集群是技术创新的有效载体。技术创新是企业整合资源进行创新的过程，技术创新资源包括专业化人才、资金、信息、公共服务等，其中，专业化人才是企业技术创新活动中最重要的创新资源。

在产业集群内，一是存在为企业提供人才供给的大学、科研机构、培训机构等；二是产业集群本身对人才的强烈吸纳能力造成大量人才慕名而来，也形成专业化人才的供给；三是集群中人员流动频繁，劳动力在不断的工作更换中得到学习与锻炼，专业化程度迅速提高。这三者共同构成了技术创新人才的有力供给，为集群企业的技术创新活动提供了大量的人才储备。在创新资金方面，技术创新的资金可以由专业化的金融机构提供，同时（也是集群最特殊的），由于集群内企业互相了解、信任，加上相互之间的合作关系和固定的社会网络存在，企业之间相互筹措技术创新资金比较容易。此外，集群内的企业可以共同利用现代化的基础设施、便利的交通通信工具以及配套的生产服务设施等有形资源，这大大降低了企业在技术创新过程中需花费的固定成本，而对无形资源（知识、信息、技术和品牌形象等）的共享则是集群企业保持技术创新的源泉。集群内企业、机构通过地理接近性和相似的产业文化，通过人员流动与非正式交流等形式，建立稳定和持续的关系，为组织内部及不同组织之间的隐含经验类知识准确地传递与扩散提供了基础条件，从而有利于提高技术创新的速度。

（2）产业集群是技术创新的一种有效组织形式。产业集群内激烈的竞争为技术创新提供了动力。在产业集群相对狭窄的地理范围内通常聚集着几十家甚至上百家企业，并进行着同类或相似产品的生产，集群内的竞争非常激烈。由于集群内的企业之间在资金、技术等方面的差异很小，从而迫使企业必须通过不断的技术创新来确立自己的独特地位，获取竞争优势。一方面，迫于生存压力，集群内的企业与集群外的企业相比，更具有实施技术创新的动机。另一方面，在集群内，企业进行创新的可见度较高，创新者的领先效益和示范效应突出，率先进行技术创新的企业所取得的超额垄断利润，无形中给其他企业以很大竞争压力和利润驱动力，从而推动所有企业重视技术创新。当代的技术创新活动仅靠单个企业的力量已经很难满足其要求，它必须通过企业间的协同合作方式来推动。从技术创新本身的要求来看，技术创新涉及新技术的应用、生产制造、商业化推广多个环节。在这一过程中，技术和市场共同起作用。从技术创新活动实施的环境来看，当代的技术创新所面临的技术发展不确定性和市场需求不确定性正呈现日益加强的趋势，它要求企业必须通过合作的方式才能提高技术创新的成功率。产业集群作为企业协同合作的方式，是一种有效的创新组织形式。集群内部企业的独立性，使得产业集群在开展技术创新活动中保持了固有的灵活性，而集群内部各企业间的各种密切的关系，又使得产业集群在开展技术创新活动中，能够在整个集群范围内进行资源整合和优势互补，获取技术创新的规模经济效益。产业集群内企业所形成的既竞争又合作的关系，在创新资源方面是对大企业的一种有效替代方式，但在创新活力方面又优于大企业，它兼具了大中小各类企业的优点，又避免了大中小企业创新中的弊端。总之，产业集群是产生创新聚集效应、获得创新优势的一种创新组织形式。这种组织结构介于市场和层级两种组织之间，比市场组织稳定，比层级组织灵活。借助这种特殊的组织结构，企业之间可以建立长期、稳定的创新协作关系。

（3）产业集群内存在有力的技术创新机制与浓厚的创新氛围。企业通过组合各种创新资源，运用科学的方法与手段创造出新产品、新工艺，并进行生产，最终实现商业化，这项技术创新才算成功。在产业集群中，比邻而居的企业之间由于频繁的交往和经常性的合作，产生了面对面的观察与学习的便利性，一项技术创新很容易为其他企业所发现，其他企业通过对此项技术创新的消化、吸收、模仿与改良，又导致渐进性的技术创新不断发生，从而形成强大的挤压效应。另外，在产业集群中各行动主体因地域的接近、交往的频繁、亲友的情缘等因素，形成与积累了丰厚的社会资本，减少了学习与交流的交易费用，集群中技术溢出效应更强，缄默知识更容易扩散。产业集群的生命力

就是持续创新。良好的技术创新扩散系统，为技术创新提供了很好的“栖息地”，有力地促进了产业技术创新能力的提高。

3. 产业集群与技术创新扩散之间相互促进作用分析

产业集群内技术创新的成功不仅依靠技术的深度和创新的先进性，更大程度上还要根据市场的接受程度，即技术创新的扩散程度来判断。因此，从某种意义上讲，作为技术创新的后续过程，产业集群内技术创新扩散比技术创新更重要。由于产业集群是区域内关联企业的聚集，产业集群与技术创新扩散之间存在着相互促进的自增强关系。产业集群中技术创新扩散的速度快，这是一种溢出效应。快速扩散的原因与产业集群内成员企业的联系和专业员工的流动有关。

（1）产业集群加速技术创新。产业集群内信息和人才的大量集聚和流动，不但加速扩散企业技术创新的结果，而且也给生产同种产品的企业敲响了警钟，使它们加速自身的技术创新。为产业集群服务的专业人才市场，使人才信息在集群内广泛传播，特殊的人力资本在产业集群内积累和流动，使技术创新过程中形成的非编码化隐性知识，在传播过程中的信息失真度大大减小，使创新技术扩散更加有效率。人才的流动带动创新技术的流动，促进创新技术在产业集群内扩散。

（2）产业集群内中小企业的创新活力会加强对技术创新的适应性。在市场变化加快、不确定因素较多的情况下，企业应变能力和快速反应的灵活性成为竞争的关键，“快鱼吃慢鱼”代替“大鱼吃小鱼”成为竞争的法则。产业集群内大量中小企业对技术创新的需求和所具有的创新活力，使企业在采用技术创新时，会根据自身的能力和条件，面对上下游协作企业和市场的需求，对技术创新进行改进、简化或再创新，以提高企业对创新技术的适应性和相容性，加快了创新技术在产业集群内扩散。

（3）产业集群往往有专业市场相配套，发达的专业市场能加速技术扩散。专业市场不仅是商品交易的场所，而且成为技术创新者、率先采用者和跟进使用者之间的桥梁。专业市场降低了协调成本和风险，有助于提高技术创新与应用的相容性，提高使用新技术的成功率。专业市场巨大的商品流和人流，会产生大量的技术信息交流和知识传播，使之成为专业性产业技术和其他各种信息交流的中心。

（4）产业集群内完善的交易网络、技术网络、社会网络，给集群内企业进行非正式交流提供了平台，会迅速扩散集群内技术创新的结果。另外，由于技术、工艺之间的衔接和技术的同源性，企业之间的合作、分工形成了技术网络，而这种网络又成为技术扩散的渠道。一方面，企业技术创新的结果可以较快地移植或嫁接到其他企业的生产上；另一方面，企业技术创新不可能迅速完善，从而为其他企业进行技术创新留下了空间，同时也带动相关企业加速自己的技术创新为创新企业服务。

综上所述，技术创新扩散是一项系统工程，扩散系统中的各要素、各层次、各子系统以及扩散系统和扩散环境的相互作用是技术创新扩散的必要条件，技术创新一经出现，就会在各企业间产生较大的示范作用，对于未获得潜在的超常规利润的企业，便会纷纷渴望分享其超额利润，从而形成巨大的模仿高潮，加速技术的扩散和创新，而产业集群为技术创新扩散提供了一个供给过程和系统平台。产业集群中的技术扩散效益和扩散程度在各阶段有不同表现与作用，不同阶段扩散动力强度是不同的，从创新源、扩散系统到技术创新的采纳和技术的最终采用，既是动态的传播过程，同时也是动态的反馈过程、交互的扩散系统。

三、品牌建设与产业集群相互作用的机理分析

品牌建设与产业集群的相互作用主要体现在企业品牌建设与区域品牌建设对产业集群的作用上。下面就简要予以分析。

（一）品牌建设对产业集群的发展有着促进作用

企业品牌或集群的区域品牌是一个企业或集群得以区别其他企业或集群的重要标志，是企业或集群内企业长期规范经营、良好服务积累起来的声誉，代表着企业的竞争力与获利能力。企业品牌或区域品牌一旦建设与完成，将有利于消费者建立对企业或集群内厂商生产产品的信任与忠诚。企业品牌或区域品牌对消费者来说是产品质量与信誉的保证，可以降低消费者的购买风险，而对企业或产业集群内的企业来说，企业品牌或区域品牌是一项无形资产，能够带来预期的收益。创造有影响力的企业品牌或区域品牌是企业或集群形成并具有竞争优势的因素和表现，对于提高企业或产业集群的知名度和集群内部企业核心竞争力有着举足轻重的作用。主要表现在以下几个方面[①]：

1. 品牌建设是产业集群内企业形象和产品声誉的集中体现

企业品牌或区域品牌代表企业或集群内企业生产的产品价格、质量上的优势，它的背后是企业或集群内企业长期诚实守信、规范生产、合法经营、提供优质服务的结果。企业品牌或产业集群的区域品牌一旦形成可以促进企业或集群内企业与客户之间建立良好的关系，使得消费者对品牌产生信任感，进而企业可以利用企业品牌或区域品牌进行垄断生产与销售[②]。

2. 品牌建设是企业或区域提供产品或服务的综合文化理念体现

企业也好，产业集群也罢，其形成却或多或少受到当地文化底蕴的影响，在这类产业集群基础上形成的企业品牌或区域品牌一定是本土文化的重要载体。基于企业或产业集群的企业或区域品牌的形成，可以使企业或集群内的企业较好地培养对企业或产业集群的归属认同感，提高企业或集群的知名度。

---

① 侯娜娜．基于产业集群的区域品牌建设中出现的问题探究［D］．长安大学硕士学位论文，2012.

② 何建民．西方品牌理论述评［J］．上海商业，2001（11）：6－9.

3. 品牌建设对产业集群持续健康发展起着促进作用

企业成长或产业集群一般遵循从小到大、由点到面的发展道路。劳动力、资金、技术是产业集群发展的条件，当然其发展还需要政府、行业中介的支持。在政府的领导和行业协会的协调下，各企业间建立良性合作关系、优化区域间资源分配，多方力量共同促进区域内部产业结构优化，实现企业或产业集群经济的持续健康发展①。

（二）企业或产业集群的发展有利于品牌的创建和后期维护

1. 企业或产业集群的发展有利于企业品牌或区域品牌的创建

企业品牌或区域品牌是企业或区域内产业集群发生、成长与发展过程中的必然结果，也是企业或产业集群长期沉淀的结果。在企业或产业集群发展过程中，企业或区域品牌的形成是一种趋势。企业或产业集群可以促进专业化市场的形成和发展，有利于建立企业或区域品牌②。

首先，企业或产业集群内在的地理积聚现象暗示着企业或区域品牌的含义。地理标志是企业或区域品牌建立的基础，支撑着企业或区域品牌的建设。其次，对企业或区域品牌的形成奠定基础的是企业或产业集群的根植性。企业或产业集群的产业体系以区域网络为基础，嵌入本土的根植性是其主要特征。企业或区域品牌正是由于企业或产业集群的根植性才成为主体的独立性资源，这是企业或产业集群发展形成企业品牌或区域品牌的源泉。最后，企业或产业集群内的企业如果依靠自身力量，往往因为自身资本、技术等生产要素的制约，在一定程度上不利于形成品牌，但是如果企业或集群内的企业相互取长补短、优势互补就可以彼此精诚合作，共同打造企业品牌或区域品牌。也可以发挥大企业领头羊的作用，集中众多中小企业的财力开展宣传，

① 刘华军．品牌之死：一个品牌经济学视角的分析［J］．广东商学院学报，2006（6）：15－19．
② 阿尔·里斯，劳拉·里斯．品牌之源［M］．上海：上海人民出版社，2005．

加速企业品牌或区域品牌的扩散、推广与传播。对于依托产业集群发展起来的产业及其产品而言，产业集群整体的良好发展，可以为这些企业创造良好的发展前景，提升企业产品的知名度，乃至形成这些企业的知名品牌甚至整个区域的产业形成区域品牌效应。

2. 产业集群的发展进一步推动与维护品牌建设

企业或产业集群通过规避“柠檬”问题，为消费者、企业、政府、行业中介传播有效信息来对企业品牌或区域品牌进行维护。首先，企业或产业集群依靠企业品牌或区域品牌把企业或集群内各行为主体（政府、企业、行业中介）捆绑在一起，形成利益共同体。无论是来自企业或集群内部还是企业或集群外部损害品牌的行为，都会受到上述行为主体的惩罚①。也就是说企业或产业集群内部这种自发对企业或集群利益的保护机制，可以惩罚那些损害品牌的行为主体。这种惩罚制度不是企业或集群内各个独立的企业单独实施的，而是代表整个企业或集群利益的各个行为主体共同实施的，这样保证了企业或产业集群有能力处理损害企业品牌或区域品牌的行为。其次，企业或产业集群存在和发展的核心是当地具有竞争力的产业，这些产业在资金、技术、劳动力等生产要素上都占有绝对优势，为企业或产业集群制定行业标准和市场规范提供了便利，更为企业品牌或区域品牌长久健康发展起到积极的支撑作用。

综上所述，一方面，企业品牌建设可以促使同一类型的企业在产业上集聚，而产业集聚反过来又进一步提升企业品牌建设与形成。另一方面，区域品牌的建设与形成是集群内企业信誉和生产产品的标志，它有利于产业集群的发展和加速集群内市场的扩张；反过来产业集群的发展是区域品牌建设与形成的基础，它可以提升区域的知名度和美誉度。总之，品牌建设与产业集群之间有着相互作用、相互影响的动

---

① 涂永式．品牌战略运用的深层思考［EB/OL］．中国营销传播网，2004－10－01.

态辩证关系。

四、技术创新扩散、品牌建设与产业集群发展协同演化的机理分析

经过前面三节对技术创新扩散与品牌建设、技术创新扩散与产业集群、品牌建设与产业集群的相互作用的机理分析，我们了解了它们两两之间的作用机理，下面就在上述分析的基础上，重点从创新链及价值链的角度进行归纳、提炼与分析技术创新扩散、品牌建设与产业集群发展协同演化的机理。

首先，从创新链的角度看，如果技术创新处于创新链的起始端，技术创新扩散处于创新链的中间环节，那么品牌建设及产业集群则处于创新链的中后环节。这样，技术创新扩散、品牌建设及产业集群就可以看成完整的创新链，其相互作用的一般机理如下：技术创新作为创新源泉，是企业品牌、区域品牌及产业集群品牌的关键技术支撑；企业品牌与区域品牌的建设、形成与发展离不开企业集聚及产业集群；企业集聚及产业集群的发展壮大反过来又作用于企业品牌、区域品牌及产业集群品牌，提升品牌的知名度与竞争力；品牌知名度与竞争力又从更高层次上吸引新的技术创新转移。这种相互作用、相互影响呈现螺旋式上升趋势，技术创新扩散、品牌建设及产业集群越来越形成动态的、良性互动的创新格局，推动创新与产业科学发展。

其次，从价值链的角度看，技术创新扩散处于价值链的起始端，经过品牌建设及产业集群发展无疑会提升价值，逐步向价值链高端转移。技术创新扩散、品牌建设及产业集群相互作用的一般机理如下：在市场机制的作用及政府技术创新政策的引导下，技术创新扩散通过提高技术创新成果接受者的创新能力，提升其产品的质量，建立品牌，

获得超额利润，促使进一步加强技术研发并扩大生产规模，吸引更多的技术创新成果扩散、转移、汇聚到这里，与此同时，越来越多的同一产业的企业及相关参与者也会聚于此，催生了产业集群。随着产业集群的形成、发展与壮大，与此有关的企业品牌越来越有名，区域品牌及产业集群品牌也越来越成规模，品牌效应越来越大。区域品牌及产业集群品牌的价值凸显，需要更多的技术创新成果扩散，与此配套的政策辅导、产业孵化器、产业引导基金、金融机构、中介机构等纷纷落地，为品牌建设及产业集群提供系统、全面、优质的服务支撑体系。技术创新扩散品牌建设及产业集群良性互动的机制一旦形成，就会共同作用，催生新的创新生态体系，促进产业经济与区域经济持续、协调、健康发展。

第四章 技术创新扩散、品牌建设与产业集群协同发展的模型分析

本章在分析影响技术创新扩散、品牌建设与产业集群协同发展的知识中心、企业家与创业者、环境、核心产业、地方政府等关键因素的基础上，分别提出并建立基于系统分析的技术创新扩散、品牌建设与产业集群协同发展模型、生产函数模型及增长模型。

一、技术创新扩散、品牌建设与产业集群协同发展的关键因素分析

一般认为，各地区的人们均有创新的潜质，但是只有在创新资源优越，创新体系高效，创新可以获得较高收益的地区，人们的创新潜能才能得到充分发挥。产业集聚区营造了良好的创新服务支撑体系。

顾新（2002）指出，知识中心、企业家和创业者、核心产业、地方政府、环境是构建产业集聚区域创新体系的主要因素。笔者在一定程度上同意此观点，但是如果仅仅说地方政府是制度创新的主体，是政策体系、创新环境的主要构建者就不合适，原因在于中央政府为产业集聚制度创新的主要倡导者与引领者，地方政府更多的是制度创新的主要执行者。而知识中心是产业集聚得以长期发展的源泉，知识创新中心则是知识中心的关键，企业家和创业者是创新的实施者和组织

者，产业发展是创新能够实现商业化、取得经济利益的载体，适宜的创新环境是技术创新能够顺利进行的保障。

1. 知识创新中心

知识创新中心为知识中心提供源源不断的知识，知识转化成技术，为技术中心提供支撑，是技术创新的主体，是产业集聚区域创新的原始推动力。知识创新中心常常成为新产品的创造者和产业升级发展的推动者。技术创新的速度和水平决定了企业甚至区域的兴衰，知识创新中心成为区域的核心。在大多数情况下，研究型大学、科研院所、大型企业的研发部门常常承担技术中心乃至知识创新中心的重任，企业的研究机构注重技术突破，更注重技术应用研究，大学能够投入较多的资源，研究一些基础理论问题，是更合适的知识创新中心。企业研究机构、大学共同成为产业集聚区知识创新中心的情况比较常见。例如，在中关村，联想公司以及国内外在京公司的研究部门，清华大学、北京大学、北京理工大学等就成为区域主要的知识中心。

知识中心也是经济增长中心，它不仅停留在新的科学发现，更重要的是引导产生新企业，是创建新企业的重要来源，知识创新中心、知识中心、技术中心产生的技术创新在科技成果商品化机制的作用下，将对经济发展提供持续推动力量。

大学或知识中心成为地区经济发展的中心是近年来的新现象，这使得大学首次具有了很强的商业价值，并且已成为高新技术的重要来源，大学是信息的集聚地、人才培养和技术创新的重要基地，也比较容易获得政府、企业和各种研究基金的资金支持，它们在传播知识、营造地区创新环境方面发挥了重要作用。由于具备科研能力和较强的学习能力，它们比较接近世界技术发展的前沿。科研人员创办科技型企业成为新企业产生的主要方式，因此区域内有没有好的大学已经成为建设高新技术产业集聚区的一个重要指标。

2. 企业家与创业者

企业家是技术创新并使之商品化的战略谋划者与实施者，他们成功的创业事迹产生很大的示范效应，激励更多的人从事创新创业活动，还可以引起其他人员的模仿、跟进，逐渐壮大企业家与创业者的队伍。

这些人是熊彼特式的企业家，他们发明了新的生产或经营方式，与当地的人力、自然资源结合形成优势。虽然企业家作用显著，但是能够称得上企业家的人为数不多，较多的是拥有企业家开创精神的创业者。这些创业者大多是科技人员，在风险投资者等的帮助下，自己开创新的事业。由于创业者大量集聚使得新企业大量诞生和企业衍生得以实现。反之，一个地区如果缺少企业家和创业者，那么即使有再好的客观条件也没有活力。一般认为，具有企业家与创业者精神和才能的人并不匮乏，最重要的是有适合创新、鼓励创新的机制，良好的盈利前景也是激发人们创新热情的最主要动因。著名的企业家和创业者常常对产业集聚做出重要贡献。例如，比尔·盖茨、肖克利及其弟子、王安、张瑞敏、任正非、柳传志、马云等众多企业家都为产业集聚区的形成与发展做出了突出贡献。

3. 环境

从区域创新的角度来看，产业集聚区域的环境包括创新环境、生产环境和生活环境三方面。

（1）创新环境。支持创新的环境是产业集聚发展的重要条件。正如阿迪罗特和柯伯所指出的，对于创新活动而言，区域环境的作用即使不是决定性的也是主要的。适合创新的区域环境就像棱镜，通过它可以激发创新。企业不是创新的孤立制造者，它是相互扶持的地区经济环境中的一分子。创新环境包括区域联系、市场、劳动力以及区域的知识基础等因素。

1）区域联系。一个产业集聚区与企业密集区重要的不同在于产业集聚区的主要成员之间建立了较密切的联系网络。大企业和分包商，

制造企业和服务企业，政府与学院、商业和社区等密切的联系使得该地区信息交流速度快，信息量大。劳动力和流动人员的社会交往都会促进企业、组织之间的网络关系。产业集聚区域内的精英之间的合作成为区域关系网络发展的重要力量，他们往往成为技术创新和市场开拓的领头人。例如，早年硅谷的精英从酒吧里的交流中获益。

2）市场。包括本地市场和全球市场。即使在全球经济时代，本地市场仍然是工业企业的生存之本。集群理论就认为本地市场为区域营造了一个良好的商业环境和竞争环境，迫使企业保持高度的敏感性，并不断创新。

3）劳动力。劳动力素质是产业集聚区创新环境的另一关键因素。劳动力包括操作人员、研发人员和经济管理人才以及金融、咨询等各种人才。高新技术企业的原材料、土地与接近市场劳动力的教育程度、创新能力和创新欲望、工作能力和工作态度、敬业精神、生产经验、健康状况等同样重要。

4）知识基础。知识基础是创新土壤，也是劳动力培训的基础。产业的知识基础有大量内容处于未编码状态，它们以经验、诀窍等形式出现。这些知识基础，存在于人们头脑中，具有地域性，成为集聚区知识基础的重要部分。已经编码的知识，以报刊、书本、专利等多种有形的方式存在，通过建立完善的初、中、高等教育培训体系，从基础素质和技能到科研创新能力的培训、科研活动、技术交流活动等，强化知识基础。另外，较好的教育环境还是吸引高素质人才的重要筹码。经验表明，基础教育的质量是科技劳动力选择居住地的重要条件。学校是发展人力资本的关键条件。科研院所是产生新知识的地方，常常成为产业集聚区发展的核心。大学也是成为产业集聚区信息网络的重要节点，营造社会网络和技术网络，其在吸引技术人才方面发挥着不可替代的作用。大学等知识中心和技术中心往往是营造知识基础的主体。

（2）生产环境。包括自然禀赋、市场机制、制度和区位等内容。劳动力成本、自然资源、交通、电信基础条件件等区位因素仍然是工业企业生产经营空间选择的重要因素。但是，除了资源型产业以外，现代工业对于资源禀赋的依赖程度正逐渐减轻，现实中有许多加工型的产业集聚区既不是原材料场地，也不是主要的消费地区，自然资源对地域的限制作用越来越小。

（3）生活环境。首先是就业机会，这是吸引人才的重要条件。就业机会取决于区域经济规模、发展速度以及宏观经济状况等，区域经济发展迅速和就业机会增长二者是相辅相成的。其次是劳动力生活质量。舒适的气候，良好的学校、教育体系、文化氛围、商业环境，以及低密度的人口等都是人们认为高质量生活的内容。

4. 产业与企业

产业集聚区产业结构特征显著。在集聚区至少有一个推动区域经济发展的核心产业或称为驱动性产业（Drawing Industry），以及大量为主导产业提供服务的相关产业。

主导产业是龙头，其演变决定了产业集聚的兴衰。能够成为主导产业的产业很多，既有高新技术产业，也有传统制造业的升级改造、现代服务业等。能够为区域之外提供产品或服务，并且销售半径距离较远的产业都可能成为主导产业，而那些只为本地提供产品或服务的产业不能成为主导产业。

相关产业是主导产业生存的土壤，包括金融、市场咨询、人员培训、信息、技术、管理、房地产、交通、物流等服务产业。产业集聚发展，服务产业随之增长，服务繁荣将促进产业集聚区发展，两者相互促进，互为因果。随着知识经济时代的到来，信息成为重要的产品，将模糊制造业和服务业之间的界限，许多高科技公司同时也承担服务公司的工作。

5. 政府

从宏观层面看，中央政府是产业集聚制度创新的主要倡导者与引领者。例如，中央批准建立上海、天津与福建自贸区规划后，相关地方政府就制定了一系列地方的自贸区配套政策；党的十八大提出创新驱动发展战略，浙江、江苏等地方就根据各自的实际情况，依托高新区打造小商品集聚区、纳米产业集聚区等。从微观层面看，地方政府主要是中央政策的执行者，其作用一般有四个方面：一是营造健康有序、公平竞争、开放的市场环境，是地方制度创新的制造者；二是提供技术、市场信息；三是为研发提供必要的支持和进行基础性研究工作；四是建立良好的交通通信等公共基础设施以及教育、污染治理、减少犯罪、净化社会风气等公益事业。政府是产业集聚区创新系统的重要支点。

三、基于系统分析的技术创新扩散、品牌建设与产业集群发展模型

技术创新扩散、品牌建设与产业集群之间的内在机理表明，三者之间存在相互作用、相互影响的动态演进过程。这为本节的分析奠定了良好基础。

系统论表明，任何系统都是由大量子系统组成的，在一定条件下，由于子系统相互作用和协作，这种系统会发生变化。为实现系统总体演进目标，各子系统或各元素之间相互协作、配合和促进，形成良性循环态势。这是系统发展的内在规律，是对系统的各种因素和属性之间的动态相互作用关系及程度的一种反映。

因此，从系统理论的角度讲，技术创新扩散、品牌建设与产业集群发展通过相互作用形成一个复合系统。在这个复合系统中的相关子系统之间可能存在着促进和抑制关系。在技术创新扩散、品牌建设与产业集群化相互作用的复合系统中，各子系统之间可能有很多个关系

环，其中有一个是起主导作用的主导环。复合系统在演变过程中存在很多变化因子，其中必有一个是对系统发展和变化起决定作用的主导因子。对于稳定的技术创新扩散、品牌建设与产业集群复合系统，其主导环一定是负反馈环。否则，通过该反馈环持续地放大或衰减，子系统将无限增长或萎缩，从而导致系统崩溃，或受新的抑制关系影响，构成负反馈而趋于稳定。可见，技术创新扩散、品牌建设与产业集群的相互作用关系，就是在产业集群发展过程中，技术创新扩散、品牌建设与产业集群相互作用、相互影响的非线性关系的总和，其作用关系可以用一般系统论的微分方程组来表示如下：

$$\begin{cases} dX/dt=\lambda[X(t),\ Y(t),\ Z(t),\ \mu(t),\ \nu(t),\ \eta(t),\ \omega(t)] \\ dY/dt=\gamma[X(t),\ Y(t),\ Z(t),\ \mu(t),\ \nu(t),\ \eta(t),\ \omega(t)] \\ dZ/dt=\beta[X(t),\ Y(t),\ Z(t),\ \mu(t),\ \nu(t),\ \eta(t),\ \omega(t)] \\ d\mu/dt=\alpha[X(t),\ Y(t),\ Z(t),\ \mu(t),\ \nu(t),\ \eta(t),\ \omega(t)] \\ d\nu/dt=\rho[X(t),\ Y(t),\ Z(t),\ \mu(t),\ \nu(t),\ \eta(t),\ \omega(t)] \\ d\eta/dt=\sigma[X(t),\ Y(t),\ Z(t),\ \mu(t),\ \nu(t),\ \eta(t),\ \omega(t)] \\ d\omega/dt=\xi[X(t),\ Y(t),\ Z(t),\ \mu(t),\ \nu(t),\ \eta(t),\ \omega(t)] \end{cases} \tag{4-1}$$

式中，$X(t)=[X_l(t),\ X_2(t),\ X_i(t),\ \cdots,\ X_m(t)](i=1,\ 2,\cdots,\ m)$表示技术创新扩散系统各个要素的状态。

$Y(t)=[Y_l(t),\ Y_2(t),\ Y_j(t),\ \cdots,\ Y_n(t)](j=1,\ 2,\ \cdots,n)$表示品牌创建系统各个要素的状态。

$Z(t)=[Z_l(t),\ Z_2(t),\ Z_p(t),\ \cdots,\ Z_k(t)](p=1,\ 2,\ \cdots,k)$表示产业集群系统各个要素的状态。

$\mu(t)=[\mu_1(t),\ \mu_2(t),\ \mu_q(t),\ \cdots,\ \mu_s(t)](q=1,\ 2,\ \cdots,s)$表示不同时间内技术创新扩散与品牌创建相互作用相互影响演进过程中的资源状况、技术发展水平、制度安排及其他因素的组合等。

$\nu(t)=[\nu_1(t),\ \nu_2(t),\ \nu_r(t),\ \cdots,\ \nu_f(t)](r=1,\ 2,\ \cdots,f)$表示

不同时间内技术创新扩散与产业集群相互作用相互影响进过程中的资源状况、技术发展水平、制度安排及其他因素的组合等。

$\eta(t)=[\eta_1(t),\ \eta_2(t),\ \eta_e(t),\ \cdots,\ \mu_g(t)](e=1,\ 2,\ \cdots,g)$表示不同时间内技术创新扩散与品牌创建相互作用相互影响演进过程中的资源状况、技术发展水平、制度安排及其他因素的组合等。

$\omega(t)=[\omega_1(t),\ \omega_2(t),\ \omega_h(t),\ \cdots,\ \omega_w(t)](h=1,\ 2,\ \cdots,w)$表示不同时间内技术创新扩散、品牌创建与产业集群相互作用相互影响演进过程中的资源状况、技术发展水平、制度安排及其他因素的组合等。

三、基于技术创新扩散、品牌建设与产业集群发展的生产函数模型

柯布—道格拉斯生产函数是由数学家柯布（C. W. Cobb）和经济学家道格拉斯（Paul H. Douglas）于20世纪30年代提出来的。柯布—道格拉斯生产函数被认为是一种很有用的生产函数，因为该函数以其简单的形式具备了经济学家所关心的一些性质，它在经济理论的分析和应用中都具有一定意义。

由于技术创新扩散有利于品牌建设与产业集群，而区域品牌的形成有利于产业集群商业信誉的提高，这样，技术创新扩散与品牌建设均可以视为产业集群的无形资产。因此，本节将借助柯布—道格拉斯生产函数的思想，综合考虑技术创新扩散、品牌建设与产业集群发展，提出基于技术创新扩散、品牌建设与产业集群发展的增长模型。

建立技术创新扩散、品牌建设与产业集群发展的增长模型如下：

$$Y=A(t)L^{\alpha}K^{\beta}\mu \tag{4-2}$$

式中，Y是产业集群经济的增长；A（t）是综合技术水平；L是

投入的劳动力（单位是万人或人）；K 是投入的资本，一般指固定资产净值（单位是亿元或万元，但必须与劳动力数量单位相对应，如劳动力用万人作为单位，固定资产净值就用亿元作为单位）；α 是劳动力产出的弹性系数；β 是资本产出的弹性系数；μ 表示随机干扰的影响，且 $\mu \leqslant 1$。

从式（4－2）可以看出，决定产业集群系统发展水平的主要因素是投入的劳动力数、固定资产和综合技术水平（包括技术创新扩散、先进技术引进、经营管理水平、劳动力素质及品牌建设等）。根据 α 和 β 的组合情况，共有三种类型：

$\alpha+\beta>1$，称为递增报酬型，表明提高综合技术水平来扩大生产规模，有利于增加产业集群的产出。

$\alpha+\beta<1$，称为递减报酬型，表明提高综合技术水平来扩大生产规模，不利于增加产业集群的产出。

$\alpha+\beta=1$，称为不变报酬型，表明生产效率并不会随着生产规模的扩大而提高，只有提高综合技术水平，才会提高产业集群的经济效益。

美国经济学家 R. M. 斯诺提出中性技术模式，即斯诺模型属于不变报酬型。当 $\mu=1$ 时，斯诺模型为：

$$A(t)=\left(\frac{Y}{L}\right)^{1-e}\left(\frac{K}{Y}\right)^{-e} \tag{4-3}$$

式中，$(1-\varepsilon)$ 是劳动力产出的弹性系数。

根据弹性系数的经济意义和数学意义：

$$\epsilon=\frac{\partial \ln Y}{\partial \ln K}=\frac{qK}{pY} \tag{4-4}$$

式中，p 是产出价格；q 是资本价格。

当 $p=q$ 时，$\epsilon=\dfrac{K}{Y}$，有

$$A(t)=\left(\frac{Y}{L}\right)^{1-\frac{K}{Y}}\left(\frac{K}{Y}\right)^{-\frac{K}{Y}} \tag{4-5}$$

式（4-5）是对产业集群的生产技术水平、经营管理水平、服务水平和品牌知名度等的综合评价，全面反映产业集群的适应能力、竞争能力和生存能力。其中 $A(t)$ 值越大，水平越高。

根据柯布—道格拉斯生产函数可以得到下列经济参数（设 $\mu=1$）：

①劳动力边际生产力：

$$MP_L=\frac{\partial Y}{\partial L}=\alpha\frac{Y}{L} \tag{4-6}$$

式（4-6）表示在资本不变时增加单位劳动力所增加的产值。

②资本边际生产力：

$$MP_k=\frac{\partial Y}{\partial K}=\beta\frac{Y}{K} \tag{4-7}$$

式（4-7）表示在劳动力不变时增加单位资本所增加的产值。

③劳动力对资本的边际代换率：

$$MP_s=\frac{\partial K}{\partial L}=\frac{\alpha}{\beta}\left(\frac{A}{Y}\right)^{\frac{1}{\beta}}L^{-\left(1+\frac{\alpha}{\beta}\right)} \tag{4-8}$$

式（4-8）表示产值不变时增加单位劳动力所能减少的资本值。

④劳动力产出弹性系数：

$$\alpha=\frac{\partial Y}{Y}\bigg/\frac{\partial L}{L} \tag{4-9}$$

式（4-9）表示劳动力投入的变化引起产值变化的速率。

⑤资本产出弹性系数：

$$\beta=\frac{\partial Y}{Y}\bigg/\frac{\partial K}{K} \tag{4-10}$$

式（4-10）表示资本投入的变化引起产值变化的速率。

国际上一般取 $\alpha=0.2\sim0.4$；$\beta=0.6\sim0.8$。我国根据原国家计委测算一般取 $\alpha=0.2\sim0.3$；$\beta=0.7\sim0.8$。

用上述柯布—道格拉斯生产函数可以测定科技进步、资本增长、劳动增长对产出增长的贡献率，但必须先估计参数 α 和 β。这里的科技进步主要包括产业集群的生产技术水平、经营管理水平、服务水平和品牌知名度等方面。

下面介绍正规化法。正规化法是在假定规模报酬不变（$\alpha+\beta=1$）的条件下，利用产出量、资本量和劳动量三者平均增长率（$\overline{y}$、$\overline{K}$、$\overline{L}$）的比例关系，估计参数 t、α 和 β，进而测定科技进步、资本增长、劳动增长对产出增长的贡献率[①]。计算公式如下：

$$\alpha=\left(\frac{Y}{L}\right)^{1-\frac{K}{Y}}\left(\frac{K}{Y}\right)^{-\frac{K}{Y}} \tag{4-11}$$

$$\beta=1-\alpha \tag{4-12}$$

$$t=\overline{y}-\alpha\overline{K}-\beta\overline{L} \tag{4-13}$$

利用式（4－11）至式（4－13），我们就可以测算出产业集群的综合技术水平、资本增长、劳动增长对产出增长的贡献率。

四、基于技术创新扩散、品牌建设与产业集群协同发展的增长模型

曾有研究人员借助索洛增长模型对区域品牌与产业集群的关系进行分析，认为区域品牌对产业集群的促进作用在于区域品牌增加了集群产业所在区域的无形资产，作为重要的无形资产，区域品牌可以提升集群内部的人均资本水平和人均产出水平[②]。但是该研究没有考虑技术创新扩散的影响。

由于技术创新扩散有利于品牌建设与产业集群，而区域品牌的形成有利于产业集群商业信誉的提高，这样，技术创新扩散与品牌建设均可以视为产业集群的无形资产。因此，本节借助索洛增长模型的思想，综合考虑技术创新扩散、品牌建设与产业集群发展，提出基于技

① 龚曙明．应用统计学（第二版修订本）［M］．北京：北京交通大学出版社，2007.

② 鞠传霄．基于产业集群的区域品牌建设研究［D］．首都经济贸易大学硕士学位论文，2013.

术创新扩散、品牌建设与产业集群发展的增长模型。

建立技术创新扩散、品牌建设与产业集群发展的增长模型如下：

$$Y = F(K, L) \tag{4-14}$$

式中，Y 是产业集群经济的增长；K 是投入的资本；L 是投入的劳动力。这样，产业集群经济的增长取决于资本 K 和劳动力 L 以及技术创新扩散、品牌建设、管理水平等因素。

将 G 定义为技术创新扩散与品牌建设所带来的无形资产价值。一般情况下，产业集群的资本存量与无形资产之间存在着正相关关系。假定 $G=(\alpha+\beta)K$，α 表示技术创新扩散无形资产与资本存量之间的比例，β 表示区域品牌无形资产与资本存量之间的比例。设储蓄率为 s，资本折旧率为 δ，那么资本存量的变动 ΔK 表示如下：

$$\Delta K = sY - \delta K + (\alpha+\beta)K \tag{4-15}$$

新古典增长模型中，资本存量的变动等于储蓄总量减去折旧的差额，而加入技术创新扩散与区域品牌建设修改后的增长模型则要在原来的基础上，额外加上无形资产的价值。

由于人均资本 $k = K/L$，所以，

$$\Delta k/k = \Delta K/K - \Delta L/L \tag{4-16}$$

式（4-16）表示人均资本的增长率等于资本总量的增长率与人口增长率的差额。设人口的自然增长率为 n，则

$$n = \Delta L/L \tag{4-17}$$

故式（4-16）变为

$$\Delta k/k = [sY - \delta K + (\alpha+\beta)K]/K - n \tag{4-18}$$

整理得：$\Delta k/k = sY/K - \delta + \alpha + \beta - n$，即

$$\Delta k = sY/L - (\delta + n - \alpha - \beta)k \tag{4-19}$$

设 y 为人均产出。当经济达到稳态时，资本的增长率和人口的自然增长率一样为 n，人均资本的增长率为 0，即

$$\Delta k = sy - (\delta + n - \alpha - \beta)k \tag{4-20}$$

借助道格拉斯生产函数的形式，假设产业集群的产出函数为：

$$Y = F(K, L) = K^{\theta}L^{(1-\theta)} (O < \theta < 1) \tag{4-21}$$

因为人均产量 $y = Y/L$，人均资本 $k = K/L$，所以人均产出可以表示为人均资本的函数：$y = k^{\theta}$。将人均产出代入式（4－20）可得：

$$\Delta k = sk^{\theta} - (\delta + n - \alpha - \beta)k \tag{4-22}$$

根据索洛经济增长模型，当经济处于稳态时 $\Delta k = 0$，这样就可以解得稳态时的人均资本为：

$$k^* = [s/(\delta + n - \alpha - \beta)]^{(1/(1-\theta))} \tag{4-23}$$

将式（4－23）代入人均资本的函数 $y = k^{\theta}$，则可得到人均产出为：

$$y^* = [s/(\delta + n - \alpha - \beta)]^{(\theta/(1-\theta))} \tag{4-24}$$

由式（4－23）及式（4－24）可知，当 $\delta + n - \alpha - \beta > 0$ 时，人均资本存量 k^* 和人均产出 y^* 均会随着技术创新扩散的无形资产 α 以及品牌无形资产 β 的增加而增加，它们和技术创新扩散及区域品牌之间存在着正相关的关系。

综上所述，基于技术创新扩散、品牌建设与产业集群发展的增长模型表明：技术创新扩散促进了品牌建设，技术创新扩散与品牌建设则提升了产业集群的价值，从而促进了整个地区的人均资本和人均产出都不断增加，最终提升区域经济综合竞争力。

第五章 技术创新扩散、品牌建设与产业集群协同发展的模式研究

本章主要归纳整理与总结技术创新扩散、品牌建设与产业集群协同发展的模式，以便促进陶瓷产业领域技术创新扩散、品牌建设与产业集群协同发展。

一、引言

不同的技术创新扩散、品牌建设与产业集群协同发展的模式有着自身的特点及使用范围。对于不同行业的企业来说，同一类型的技术创新选用不同的扩散模式，其扩散效果及对品牌建设、产业集群的作用也不尽相同；同一种技术创新扩散模式应用于不同类型的技术创新、品牌建设与产业集群，其技术创新扩散效果也不同；企业只有采用了适宜的扩散模式才能使技术创新得以快速、高效优质的扩散，才能更好地促进自身品牌建设，加速产业集群，提升区域经济综合竞争实力。

本文根据技术创新扩散、品牌建设与产业集群已有相关研究[①][②][③][④][⑤]，将技术创新扩散、品牌建设与产业集群协同发展模式分为：

① 罗桂芳，陈国宏．国内企业技术创新扩散的模式分析［J］．工业技术经济，2002（4）：64－65.

② 蔡希贤，史焕伟．技术创新扩散及其模式研究［J］．科技进步与对策，1995（2）：25－27.

③ 刘小斌，罗建强，韩玉启．产学研协同的技术创新扩散模式研究［J］．科学学与科学技术管理，2008，29（12）：48－52.

④ 黄海洋．我国大学技术创新的扩散机理与模式研究［D］．上海交通大学论文，2013.

⑤ 陈芳．知识产权作用下的技术创新扩散模式选择研究［D］．大连理工大学论文，2008.

①政府主导型技术创新扩散、品牌建设与产业集群协同发展模式，主要适用于近年飞速发展的高新技术产业。②大学主导型技术创新扩散、品牌建设与产业集群协同发展模式，主要适用于自身创新能力较弱的新兴科技企业。③企业主导型技术创新扩散、品牌建设与产业集群协同发展模式，主要是指企业集团内部之间扩散，或通过纵向一体化的直接扩散，或横向一体化的技术联盟等战略。④市场主导型技术创新扩散、品牌建设与产业集群协同发展模式，主要适用于传统中小企业。⑤科研机构主导型技术创新扩散、品牌建设与产业集群协同发展模式，主要适用于有一定创新能力的科技型企业。⑥交叉型技术创新扩散、品牌建设与产业集群协同发展模式，主要是指上述几种技术创新扩散、品牌建设与产业集群协同发展模式的贯通与叠加。图 5 –1 显示了 6 种技术创新扩散、品牌建设与产业集群协同发展模式的关系。下面分别予以分析。

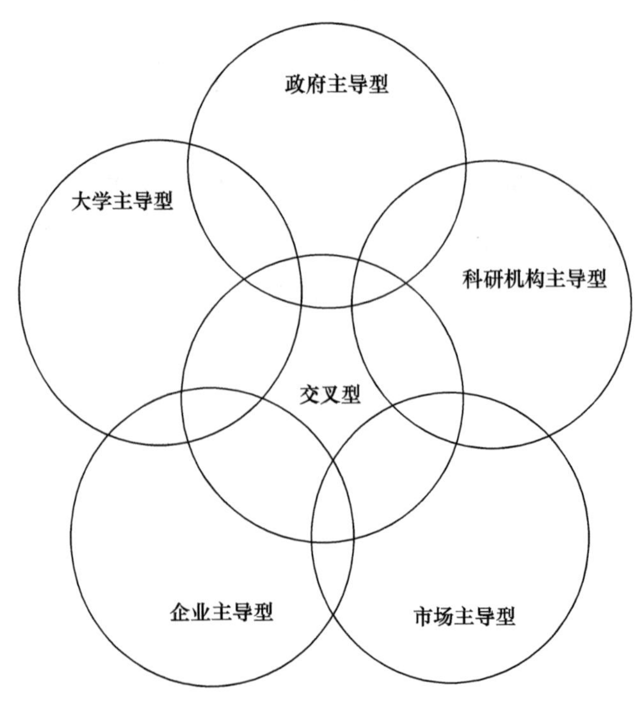

图 5 –1　技术创新扩散、品牌建设与产业集群协同发展模式示意图

二、政府主导型技术创新扩散、品牌建设与产业集群协同发展模式

政府通过创建高新科技园区、研发基地、示范平台来营造良好的孵化环境，对园区里的高新技术企业实施优惠的科技政策，打造企业品牌，引导高新产业集群，形成区域技术优势，达到技术扩散的目的，带动区域经济的发展，这就是政府主导型的技术创新扩散、品牌建设与产业集群协同发展模式。

由于我国处于社会主义市场经济的初级阶段，大多数地方产业集群也处于初级阶段，存在很多制约产业集群可持续发展的因素，与发达国家较完善的市场经济相比，我国政府特别是地方政府在促进产业集群发展上需要发挥更大作用。无论是在产业集群的规划与战略选择，还是在促进产业集群发展壮大的法律法规与政策上，政府都应发挥其不容忽视的力量。

政府主导型技术创新扩散、品牌建设与产业集群协同发展模式发挥作用的方式主要包括：①营造技术创新扩散、品牌建设与产业集群发展的良好环境；②进行市场监管与规范市场秩序；③促进产业集群内部的分工协作与共同发展；④开展政府营销并打造产业集群品牌；⑤打造良好的创新平台，增强技术创新扩散、品牌建设与产业集群创新能力。

实施政府主导型技术创新扩散、品牌建设与产业集群协同发展模式的主要途径包括：①做好总体规划与战略，明确产业定位；②完善基础设施和配套产业，延伸产业链；③整顿市场秩序，加强产学研及企业间的分工协作；④塑造区域共同品牌，进行产业营销；⑤提供资金支持，促进技术创新扩散；⑥完善法律法规，保护知识产权。

政府主导型技术创新扩散、品牌建设与产业集群协同发展模式的适用范围主要包括传统产业的升级改造与高新技术创新。传统产业发展到一定阶段，容易形成路径依赖，资源与环境约束越来越严重，升级改造成为其持续发展的关键，但需要大量的资金与先进的高新技术。高新技术具有高投入、高风险和收益不确定等特点，易出现资金瓶颈、基础设施瓶颈等问题，限制了技术扩散的广度和深度，不容易形成品牌、不利于产业集群的健康发展。因此，政府应把应用先进适用的高新技术，改造传统产业以及大力发展高新技术产业作为重要的切入点，以科技优惠政策为导向，以科技园区、研发基地、示范平台、科研计划与科技项目为依托，以高新技术中小企业为主体，以当前尖端前沿技术为载体扩散创新技术，着力引导并打造知名品牌。政府新建科技园区就是为了创造良好的孵化环境，形成技术创新团簇，促进高新技术企业不断繁衍和产业集聚，增强产业集群内供应商、制造者和客户等相互作用，产生协同效应，从而促进整个区域乃至全国产业结构的优化。

政府主导型技术创新扩散、品牌建设与产业集群协同发展模式也存在一定的不足，具体表现为：①宏观层面较多，微观执行层面不足；②政府作为看得见的手在技术创新扩散、品牌建设与产业集群发展初期的促进比较明显，但当发展到一定阶段，市场比较完善时政府如果干预过多则可能会阻碍产业集群的发展；③政府发挥作用的有限领域主要是基础设施、公共卫生、生态环境等公共领域，但容易造成“缺位”，而在企业、产业等领域容易造成“越位”。

因此，政府主导型的技术创新扩散、品牌建设与产业集群协同发展模式的关键是，政府注意做到“在其位，谋其政”，既不“缺位”，也不“越位”。

三、大学主导型技术创新扩散、品牌建设与产业集群协同发展模式

大学主导型的技术创新扩散、品牌建设与产业集群协同发展模式是依托大学的政府资源、社会资源及自身资源优势、学科优势、人才优势、科研成果产出的优势，借助国家重点实验室、研发基地等平台，通过建设大学科技园等途径，把大学的技术创新成果源源不断地扩散出去，形成自己的品牌，在此基础上逐步形成与大学密切相关的产业集群，产业集群的发展为大学的科研提供资金，从而进一步提升大学品牌，导致大学的技术创新成果进一步扩散，如此良性的循环加速形成学产互惠互利、共同发展的格局。

大学技术扩散创新过程可以分成两种情况：一是渐进式创新，创新程度不高，不需要经过基础研究甚至应用研究阶段，直接通过整合现有技术进行简单开发来实现。技术创新主要源自新的市场需求，其技术开发及商业化、市场化过程一般由企业独立完成。二是突破性创新，创新程度很高、涉及的知识和技术较复杂，现有技术很难有效应用，需要在基础研究、应用研究和技术开发等阶段的持续突破。这种技术创新既可能源自科学技术领域的重大理论突破，也可能是由新的市场需求所驱动，由于其创新难度较大，单个企业的力量很难完成（或者由于投入较大而不愿承担），更多则依靠大学等科研机构来实现[①]。

大学主导型技术创新扩散、品牌建设与产业集群协同发展模式一般具有三方面共性特点：①创新扩散始于科学技术领域的理论创新，

① 黄海洋，陈继祥．基于突破性创新的大学技术创新扩散过程及模式分析——以我国数字电视技术创新扩散为例［J］．科学管理研究，2013（1）：13－17.

或者由国家重大计划及市场需求所引致的新问题；②在整个扩散过程中，前期的基础研究、应用研究、技术开发是必不可少的重要环节，在一定程度上决定着突破性创新扩散的能否成功；③扩散完成的标志是形成一个全新的产业，并且带动整个产业的升级换代以及相关技术领域的突破性进展（黄海洋、陈继祥，2013）。

大学主导型技术创新扩散、品牌建设与产业集群协同发展模式具有一定的适用条件：①大学具有丰富的资源；②大学具有知名度，能够汇聚社会资源；③大学具有持续的创新能力；④大学具有实施技术创新成果扩散的团队，如清华科技园等，独立运营技术创新扩散、品牌建设与产业集群。

当然，大学主导型技术创新扩散、品牌建设与产业集群协同发展模式也有不足：①大学的功能定位决定其追求的目标更多的是培养人才与知识创新；②大学的科研成果大多为基础研究成果，离开发出商业化产品还有较大的距离；③资金的缺乏也是制约大学科研成果转移的重要因素；④缺乏促进长效的技术创新扩散、品牌建设与产业集群协同发展的体制与机制。

清华科技园（现已更名为启迪科技园）就是大学主导型技术创新扩散、品牌建设与产业集群协同发展模式的典范。总结清华科技园的成功经验，可以说其特色与优势在一个“聚”字上面，由聚集—聚焦—聚合—聚变构成清华科技园自主创新、引领创新、服务创新的“四聚”模式①。

首先是核心技术的聚集，凸显优势。清华科技园聚集了一大批拥有核心技术的企业，这些企业的核心技术优势形成了各自的核心竞争力，使园区企业更具成长性。众所周知，世界一流科技园的基本标志就是园区内要有世界级的公司，今天清华科技园聚集了一大批世界

① 梅萌，林韵然．四聚模式——遵循四聚模式　建设创新国家［J］．中国高校科技与产业化，2008（9）：73－76.

500强公司，如宝洁（P&G）、太阳微系统公司（SUN）、日电（NEC）中国有限公司、Google、微软等在清华科技园设立研发机构，使园区初步形成了国际化企业研发中心的聚集效应，提升了清华科技园研发能力，使园区与国际全面接轨。在清华科技园中数量最多、将来可能成为最大亮点的，是拥有核心技术的创新创业公司，约有400家，2/3属于IT行业，都拥有核心技术，几乎覆盖了今天IT行业的所有顶尖科目。高品质企业的聚集增进了广泛的国际化交流和本土化实践，使清华科技园充满了创新创业的激情和氛围，带领和带动创新链条的各个环节在体系中产生新的机会，形成不可阻挡的创新势头。

其次是聚焦，找到资源的发力点。作为政府积极推动的大学科技园事业，清华科技园有强大的高校背景和政府资源，清华科技园的建设和发展得到了政府的大力扶持。清华科技园地处北京高校聚集区，有丰富的社会资源：清华科技园紧邻三大科学重镇——清华大学、北京大学和中国科学院，数十个国家工程研究中心、国家重点实验室和开放实验室遍布周围。而建在其中的中国教育和科研网络中心，更是为之提供了四通八达、连接全国和世界的信息高速公路，是中国最大、世界少有的智力密集区。清华大学为清华科技园提供了源源不断的技术人才支持，门类齐全的学科建制、浩瀚繁博的图书典藏、先进方便的实验条件等，所有这些资源，在园区里面，聚焦到最需要发挥作用的企业中，从而让资源释放出应有的力量，促进企业资源要素的配置合理化，帮助企业迅速成长发展。

再次是聚合，聚合效应起到最关键的作用。事实上，硅谷成功的重要因素是交流碰撞的文化氛围，给硅谷内的各个要素提供交流机会。清华科技园不仅提供互动的平台和场地，而且努力营造一种互动交流的环境，来推动和促进清华科技园各要素间的文化交流和思想碰撞。各个要素之间的交流碰撞产生新的火花和思想，成为新的合作和产业链条的重要组成部分，聚合效应也给园区企业带来了更多的机遇。

最后是通过企业聚集，资源聚焦，各要素间的聚合来实现科技园自身的聚变，实现科技园企业的聚变。事实上，清华科技园已经形成创新创业企业成长的服务支持体系；未来，清华科技园的目标是培育出知名的大企业。它们站在各个产业的塔尖上，对国家的自主创新，对国家整个经济结构的调整、增长方式的转变做出重大贡献。可以预见，以大学科技园为特色的创新集群，将对未来中国的社会发展，对新的经济结构、产业结构的调整集效应产生重大影响。

聚集—聚焦—聚合—聚变，这是清华科技园发挥聚效的整个过程，也是一个创新创业公司在清华科技园蜕变的历程，更是清华科技园自身不断完善、不断提升的过程。清华科技园正在努力完善自身的服务支撑体系，现已形成覆盖全国30多个城市和地区的辐射网络，在美国和中国香港设立了创新基地，与俄罗斯、以色列、韩国等建立了广泛的合作关系。在园区运营管理领域确立了行业领先地位，而且在互联网新形态、新业态的推动下，全国首发提出“互联网＋科技园”的运营模式，让“互联网＋”与传统的科技园、产业园区业务相融合。同时加入无处不在的计算、数据、知识，造就无所不在的创新氛围，通过网络化的园区布局，互联互通的运营理念，为企业与政府、大学与社会等资源建立起各层面、多渠道的联系。不断提升清华科技园的“四聚”功能，不断提高孵化出创新创业企业的速度和成功率，为催化世界一流的知名企业，打造世界知名的科技型产业集群，为创新型国家的建设做出应有的贡献。

四、企业主导型技术创新扩散、品牌建设与产业集群协同发展模式

企业主导型技术创新扩散、品牌建设与产业集群协同发展模式是

指企业集团利用资金优势、技术优势、人才优势与规模优势，加大科技 R&D 投入，创新领先技术，收获技术成果后，优先在企业集团内部扩散运用，随后扩散到相关企业，或交叉运用到不同的科学领域，不断强化自身的品牌优势，沿着产业链做强做大产业集群。

企业主导型技术创新扩散、品牌建设与产业集群协同发展模式，由于把大量的市场交易行为内部化，没有市场交易的中间环节，节约了大量的交易成本，因此，它是一种低成本、低风险、高效益、高回报的模式。

根据已有研究可知，企业规模越大，企业研究开发能力越强，研究开发活动越多，聚集企业技术资源协同攻关的可能性越大（罗桂芳、陈国宏，2002）。这是由大企业的资本、规模、人才优势决定的。

企业主导型技术创新扩散、品牌建设与产业集群协同发展模式的实现形式有以下三种：

1. 通过企业集团内部来实现技术创新扩散、品牌建设与产业集群协同发展

从企业集团内部契约角度考虑出发，以产权为主要联系纽带的企业集团能克服资源限制、清除技术交易障碍，将新技术最先在成员企业中扩散运用，且技术信息的公共物品特征使成员企业有可能“搭便车”而获得新技术产生的收益。集团内各成员企业达成利益共同体，将技术在内部转让、扩散，共担风险、共享收益，这样既降低了交易成本，又实现了收益倍增效应。例如，中国建材集团利用其下属子企业中国建筑材料科学研究总院的技术创新成果，逐步扩散到其下属的水泥、玻璃、陶瓷等领域的子企业，共同打造中国建材集团的品牌，形成水泥、玻璃与陶瓷产业集群、做大做强中国建材产业。

2. 打造了产业集群研究为主的科研机构与企业网络平台二者间互利协作联动机制来实现技术创新扩散、品牌建设与产业集群协同发展

企业网络是集群企业之间（包括供需企业、竞争企业、互补企业

和其他相关企业）的各种协调机制的混合体及其相互关系。企业网络治理是产业集群治理的核心内容，也是产业集群得以存在和发展的基础[①]。

企业网络分为交易网络、社会网络和技术网络。其中，交易网络治理机制主要是契约和价格机制，契约或价格是一种自我管理的约束机制，企业在市场中通过价格机制实现各种权利的交换，在市场不存在不确定性和交易成本的情况下，价格机制能自发地管理企业间的日常交易。社会网络治理机制主要是企业家协调机制，这是一个复杂的学习、创新过程以及与地方政府、中介组织一起发挥作用的联合企业家行为，是与管理协调相对应的重要的补充协调方式。企业家主要是通过其关系网络、信任机制等来降低协调和控制成本，强调创新和不确定性[②]。技术网络治理机制主要是技术学习机制，产业集群技术学习机制随着集群产业性质、社会文化环境等的不同，有其各自的机制。技术网络治理机制主要包括三个层次：第一层次学习机制包括人力资源流动、企业间合作互动、企业衍生和人员间非正式沟通；第二层次包括劳动力培训和教育、知识基础设施建设、正式沟通、技术和管理服务；第三层次主要是指外部技术机构对集群的技术支持，外部高校对集群企业人力资源培训方面的支持等[③]。

此外，根据企业网络治理中企业之间协调能力的高低，可以将企业网络治理进一步划分为三种模式：一是模块型治理模式。模块化生产具有准信息同一化性质，由此带来模块化生产的创新激励机制。模块化产业集群改变了集群的组成方式和权利分配属性，实现了网络治

---

① 杨树旺，易明，肖建忠．产业集群治理：结构、机制与模式——兼论我国产业集群治理存在的主要问题及对策建议［J］．宏观经济研究，2008（1）：31－35.

② 李新春．企业家协调与企业集群——对珠江三角洲专业镇企业集群成长的分析［M］．//王珏．集群成长与区域发展．北京：经济科学出版社，2004.

③ 魏江．产业集群——创新系统与技术学习［M］．北京：科学出版社，2003.

理与公司治理的同步性和协调性[①]。二是关系型治理模式。企业通过声誉而相互集聚，表现出很强的社会同构性、空间邻近性、家族性等特性。三是领导型治理模式。众多中小企业依附于几个大企业或是领先企业，这种强大的依赖性有利于管理协作和技术协作，但也会导致难以跳出集群限制，改变依附关系的转换成本很高[②]。

3. 是以产业链为依托，通过与其供应链上的相关企业构建动态创新联盟来实现技术创新扩散、品牌建设与产业集群协同发展

已有研究表明[③]：中小企业的技术创新及其扩散在经济发展中起着重要的作用，在中小企业间建立起动态的创新联盟，用以整合企业的核心资源，扩散技术创新成果，提高技术扩散的速度和效率，增强中小企业应对竞争日益激烈的经营环境的能力，有利于打造品牌，催生产业集群（见图5-2）。

这种动态创新联盟也可能以虚拟企业平台的形式出现，在该虚拟企业平台上的技术从研发到参与生产的距离被大大缩短，本来应该在市场上进行的技术交易可以在虚拟企业内部完成。在虚拟企业平台上，制造企业可以迅速掌握先进技术，而研发企业也可以迅速得到反馈信息。虚拟企业的创新网络是可重构、可重用和可扩充的。当虚拟企业创新网络的生命周期结束之后，联盟中的每个企业都会对其他企业的客户关系进行进一步强化，即使合作结束，也会保持着千丝万缕的联系，而这些企业与联盟外的企业间也存在着广泛的联系，这在一定程度上提高了技术扩散的速度，更有利于品牌创建，加速产业集群。

上述三种企业主导型技术创新扩散、品牌建设与产业集群协同发展模式的共同特点是企业是技术创新扩散、品牌建设与产业集群协同发展的主体，不同的是企业规模、企业创新能力、企业管理水平以及

① 李恒．模块化生产的激励机制与产业集群治理［J］．商业经济与管理，2006（5）：41-45.

② 张辉．全球价值链下地方产业集群转型和升级［M］．北京：经济科学出版社，2006.

③ 陈玥希，蔡建峰．基于动态创新联盟的中小企业技术创新扩散模式研究［J］．科技进步与对策，2005，22（5）：8-9.

企业发生作用的方式等。

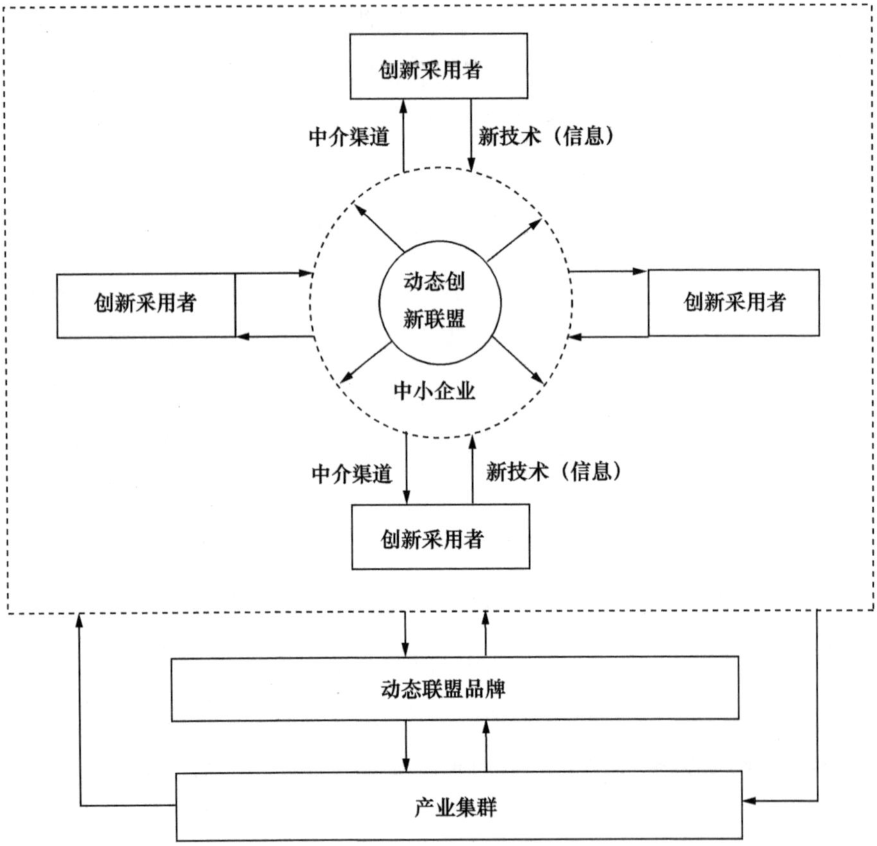

图5－2　动态创新联盟促进技术创新扩散、品牌建设与产业集群协同发展示意图

五、科研机构主导型技术创新扩散、品牌建设与产业集群协同发展模式

科研机构是我国建设创新型国家的主力军。科研机构主导型技术创新扩散、品牌建设与产业集群协同发展模式是指以科研机构的科研

人员、科研平台、技术开发中心、科研成果为基础，通过建立长效的技术创新成果转移机制，探索具体运作模式，解决科技与经济相脱节的问题，加速科研成果转化，建设创新成果转化品牌，形成产业集群，促进社会、经济持续、健康与协同发展。

中国科学院作为我国最大的科研机构，在主导技术创新扩散、品牌建设与产业集群协同发展方面进行了积极探索，取得了丰富的经验，认真研究中国科学院的科技成果转化工作布局、技术转移机构的运作模式和运行机制对我国科研院所科技成果的转移转化工作具有借鉴作用。

中国科学院领导层面配有分管院地合作工作的副院长，内设职能部门科技促进发展局（前院地合作局）；中国科学院下属各分院、研究所设有分管副所长、院地合作部门。在“纲”上，科技促进发展局全面协调和统筹规划与国家部委、大型企业、省级单位的合作；在“目”上，各分院、研究所、中国科技大学、技术转移机构与地方、区域、企业开展了深度技术转移和成果转化工作，中国科学院北京国家技术转移中心等机构还建立了与国际间的战略合作关系，形成了纲举目张的网状技术转移转化工作布局①。中国科学院与科技部等部委及中国石油天然气公司等大型企业签署了战略合作协议。依托中国科学院建设了国家工程实验室、国家工程技术研究中心、国家工程研究中心，机构多达40余家。中国科学院及下设机构与全国31个省份及地方政府签署了科技合作协议，共建成果转化单元，开展长期合作关系。在全国各地建设了国家技术转移中心和工程研发平台、科技创新园区。截至2012年，中国科学院与地方政府共建了29个产业技术创新与育成中心、8个技术转移中心、5个科技园。有42个院级转化型非法人单元，2012年转化项目910个，孵化企业511个，实现销售收入880

① 陈套，冯锋．中国科学院成果转化与技术转移机构运作模式研究［J］．科学管理研究，2014（4）：44－47.

亿元。在项目合作上，2012 年中国科学院及下属研究所 8000 余项科技成果落户国家和民营大中小企业，使得企业销售收入增加 3000 多亿元，利税总额 400 多亿元，提升了企业的竞争力，推动了经济的发展。同年，中国科学院转移项目在技术市场进行合同登记 2308 项，成交额超过 38.9 亿元。①②

中国科学院技术转移的具体运作模式分为单位依附型、合作管理型、创新集群与园区发展型三种类型。

1. 单位依附型

主要依托中国科学院分院或研究所，在中科院技术转移机构中占比较大。设立动机主要是：①中国科学院担负的社会职责和使命。中科院要率先实现科学技术跨越式发展，要牢固树立创新科技，服务国家、造福人民。②自身发展的需要。通过技术转移和成果转化，实现经济效益和社会效益，提升研究所的经济实力、社会影响力和综合竞争力。

其组织机构的设置一般实行理事会领导下的主任负责制。理事长一般由分院或研究所主要领导兼任。中心的决策机构为理事会，咨询机构为科技委员会或战略发展委员会，下设综合办、项目办（知识产权办）、工程化技术研发平台、技术咨询平台等内设机构。综合办负责机构的日常运转、后勤保障。项目办负责项目的申报、推荐、专利管理等。研发平台的功能为通过选择一些应用性较强的项目进行开发，小试、中试，然后推介到企业中生产、应用。技术咨询平台为开展科技咨询和服务，还担当孵化器职责。业务范围主要是研发和科技中介。为企业提供信息、技术、管理、人才等服务。服务的内容涉及知识产权、技术标准化、技术服务、技术转移、企业及项目孵化、政策信息、战略发展规划等。从运作方式和机制来

① 中科院科学传播局．中国科学院年鉴［M］．北京：科学出版社，2013.

② 中科院发展规划局．中国科学院统计年鉴［M］．北京：科学出版社，2013.

看，一般结合依托单位的学科特色设置相应的技术转化和研发平台。依托单位的院地合作部门协调整合内部资源并对内输出科技需求，实现信息的中枢和接转。研发平台将科研成果进行工程化放大，为企业“造血”或直接投资培育高技术公司。项目办推介技术成果，和企业开展科技合作。引进企业入驻，为企业开展科技服务和咨询。大的研究所一般还设有资产管理公司，负责运营和管理直接投资或与社会资源合作成立控股参股公司。

2. 合作管理型

一般为中国科学院与地方政府合作共建、共同管理的技术转移机构。此类型机构有增多趋势。设立动机主要有：一是自身发展需要；二是国家战略布局及地方经济发展需要。

以中国科学院物联网研究发展中心为例，在组织机构设置上，该中心既为中国科学院管理的物联网中心，同时为江苏省科研事业单位编制。实行理事会领导下的主任负责制，理事长为中国科学院副院长和无锡市委书记兼任。一个机构三块牌子，即中国物联网物流发展中心、中国科学院物联网物流发展中心、江苏（中国）物联网物流发展中心。中心下设五个职能处室，若干研发实体、公共技术平台以及江苏中科物联网科技创业投资公司，是集研发、技术和成果转化、市场化运作的专业化技术转移机构。从业务范围来看，自主研发、中介服务和市场开拓并举，形成科研成果从实验室到市场应用全方位系统化服务。从运作方式和机制来看，主任负责中心的全面工作，副主任协助主任分管有关工作。其研发载体的管理同于一般应用性研究所，其工程化技术平台的管理同于平台型技术转移机构，还有专业化的技术转移公司配套开展技术转移和投融资工作。中心各个机构形成了立体式的协同创新体系。

3. 创新集群与园区发展型

中国科学院现有科技园区 5 家，科技园区主要借助地方的区位优势和中国科学院的科技资源进行技术和成果汇聚，增强技术转移和成果转化整体竞争力，形成“马太效应”。目前，科技园主要依托实体仍为技术转移中心或研发中心。

中国科学院的单位依托型的技术转移机构，优势在于能积极整合、调配中国科学院内的科技成果和科技资源，对应用性的科技成果能够二次开发，自主创新能力较强。不足之处在于缺乏硬性的考核指标，动力不强、经费不足，由于依附于法人单位，带有较强的行政化色彩，其生存和发展取决于依托单位领导的重视程度。人员结构过于侧重研发人员，市场化专业人员不足，捕捉市场信息滞后，研发成果与企业需求有时错位。而合作管理型技术转移机构的优势在于既能整合中国科学院科技资源，又能调动地方资源，具有强大的内生动力；与上游研究所通力合作，并紧密结合市场需要的专业化技术转移组织。不足之处在于人员来源复杂、机构庞大，机构的长远发展和有效运行需要深度研究。

随着互联网的兴起，科研机构之间的虚拟研发模式是指为取得共同的市场优势，与研发业务相关的科研机构以虚拟研发中心形式联合多个有技术能力的单位，联合设计与开发高技术产品，共同提高联合研制与开发、设计能力。虚拟研发中心（Virtual Research Center，VRC）作为比较完善的虚拟网络组织结构，是组织、人力、技术、信息等资源的有效集成，是虚拟组织概念渗透于科研机构所形成的 R&D 新模式，是由若干独立的研究机构、高校和企业联合组成的网络结构，在一定时期内为一定目的而结成的一种动态联盟。虚拟研究中心与传统的研究所相比，突破传统组织的界限，大量利用外部资源和内部资源进行集成，把不同学科、不同背景的研究人员，按照一定的目标和系统组建团队，以最低成本、最快的应变速度，针对需求组织研究资源，以其共享文化和对国内外与全社会的开放

性，为技术创新与扩散创造良好的环境和条件[①]。这也是“互联网+”对科研组织的重大影响，有利于提升相关科研机构的总体实力，催生新的产业集群。

六、市场主导型技术创新扩散、品牌建设与产业集群协同发展模式

市场主导型技术创新扩散、品牌建设与产业集群协同发展模式是指众多中小企业到市场上获取技术创新信息，以技术交易方式得到技术创新成果，从而使一项新技术创新成果能够在市场机制作用下扩散出去，生产出质优价廉的新产品，并逐步发展起来，形成自己的品牌，带动相关企业集聚，促进产业集群发展。

这种模式具有市场是驱使技术创新扩散、品牌建设与产业集群的原动力，企业容易获得技术成果、能够及时采纳技术、快速解决企业技术难题、短期内可提升企业能力、促进企业快速发展、形成自身品牌、带动产业集群等优点。

当然这种模式是以技术市场完善、法律法规健全、配套政策齐全、技术创新成果信息对称、政府很少干预为前提的，同时要求企业具有一定的消化、吸收与再创新的能力。

事实上，影响市场主导型技术创新扩散、品牌建设与产业集群协同发展模式的关键因素主要包括市场、风险、人才、扩散渠道等。市场影响因素主要是指技术、人才、资本等市场是否完善，保护技术创新成果扩散的法律法规是否健全，知识产权制度是否完备以及知识产权侵权行为是否及时被制止，基础服务设施是否配套等，这

① 陆小成等．基于技术创新扩散的虚拟企业组建模式选择研究［J］．科技管理研究，2007（11）：169－172.

些是制约市场主导型技术扩散、品牌建设与产业集群协同发展的前提。风险因素是指技术扩散、品牌建设与产业集群协同发展过程中技术创新扩散源展开创新活动及技术创新扩散接受者接受技术扩散活动都是存在风险的，主要包括：一是技术创新成果具有非独占性，技术创新扩散对接受者来说意味着技术垄断的终结；二是技术创新过程中由于资金、人才、管理等因素往往造成创新中途夭折；三是企业把技术创新成果转化为商业化产品的能力与经验不足。人才因素是技术创新扩散、品牌建设与产业集群协同发展过程中最具决定性的因素，企业是否具有人才意识、有无完善的人才激励制度与措施、是否拥有自主创新的研究团队等，将最终决定协同发展的成败。扩散渠道因素是指中介机构、各种媒体与网络等，在技术创新者与接受者之间起到桥梁与纽带作用。

市场主导型技术创新扩散、品牌建设与产业集群协同发展模式就是借助技术创新扩散与品牌建设，实现内外集群要素的转化结合的产业集群发展模式。在产业集群的形成和发展过程中，内生或外生这两种非均衡的模式都是谋求地区经济高速增长的有效模式。通过图 5 – 3 可以发现，无论是依托集群内要素条件的集群发展模式，还是如同广东东莞的 IT 产业集群依托集群外要素的集群发展模式，在获得一定的高速非均衡发展后，都有一个经济依托要素的转化节点，也就是由依托集群内要素发展转化为依托集群外要素来提升集群经济发展水平，或由依托集群外要素来带动当地经济转化为依托集群内要素来拉动集群经济增长。这两种模式从形式上来讲是逆向的，但是从本质上都是集群经济发展到一定阶段后进一步提升地区经济发展水平的内在要求。

我国的技术市场不完善、技术中介活动不规范。技术中介组织单纯追求经济利益却未承担相应的风险，使得整个技术中介行业产生信用危机，针对当前技术中介的短视行为，需要探索中介参与者

如何承担创新技术转移项目风险，并服务于创新技术转移全过程的方式，即以配股的方式支付中介费用使中介组织获得同其他参与者相等的项目收益率。除以上市场行为外，还要加大政府执法力度，整顿中介行为，加强技术中介组织的营业资格审查等政府行为，才能达到效果。

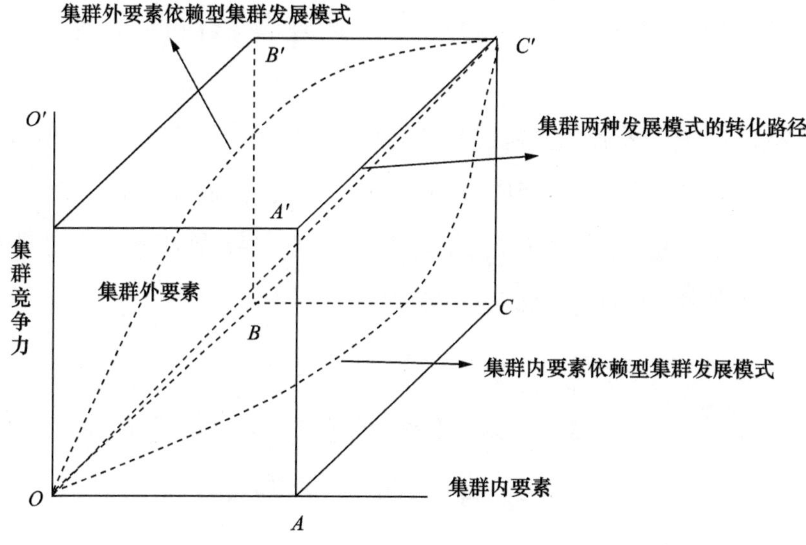

图 5－3 产业集群经济发展的内生和外生模式

资料来源：李海东．基于产业集群的景德镇陶瓷区域品牌建设研究［J］．中共宁波市委党校学报，2012，34（2）：93－97.

值得庆幸的是，党的十八届三中全会提出加快完善现代市场体系，建设统一开放、竞争有序的市场体系，加快形成企业自主经营、公平竞争，消费者自由选择、自主消费，商品和要素自由流动、平等交换的现代市场体系，着力清除市场壁垒，使市场在资源配置中起决定性作用，提高资源配置效率和公平性。同时还提出深化科技体制改革，建立健全鼓励原始创新、集成创新、引进消化吸收再创新的体制机制，健全技术创新市场导向机制，发挥市场对技术研发方向、路线选择、要素价格、各类创新要素配置的导向作用。加强知识产权运用和保护，健全技术创新激励机制，探索建立知识产权法院。打破行政主导和部门分割，建立主要由市场决定技术创新项目和经费分配、评价成果的机制。发展技术市场，健全技术转移机制，改善科技型中小企业融资条件，完善风险投资机制，创新商业模式，促进科技成果资本化、产业化。这些论述与举措对于市场主导型技术扩散、品牌建设与产业集群协同发展具有重要意义。

未来只要我们不断完善社会主义市场经济体制与机制，健全技术创新成果转化的法律法规与配套政策体系，对于那些急需资金、技术、人才等的中小企业给予全方位的支持，市场主导型技术扩散、品牌建设与产业集群就一定能实现协同发展。

七、交叉型技术创新扩散、品牌建设与产业集群协同发展模式

交叉型技术创新扩散、品牌建设与产业集群协同发展模式就是将上述五种模式有机结合起来，实现政府、大学、科研机构、企业、金融、中介机构等参与主体信息互通有无、资源共享、优势互补、风险共担、利益共享的良性互动的可持续发展模式。即一项技术创新成果以多种途径同时向不同的技术受体扩散，既打造了品牌，又催生了产业集群。

在交叉型技术创新扩散、品牌建设与产业集群协同发展过程中，政府为了迅速推广某项新技术，出台激励政策与措施，鼓励大学与科研机构将自己的技术创新成果扩散出去，并对企业的技术创新扩散进行间接或直接干预，金融机构也会通过资金支持参与进来。这

样企业及相关集团采用后，会将此技术扩散到不同的成员企业或关联企业，运用到不同的领域中；技术市场上获取充分技术信息，能吸引更多的企业进行交易、模仿采用。因技术扩散中存在技术创新效果的不确定性递减规律，这些扩散模式可能同时运作，从而提高整体社会进步水平。那些技术创新扩散效果好的企业，逐步形成了自己的品牌，加速了产业发展，催生了产业集群，这又会吸引更多、更好的技术扩散进来，进一步强化品牌，提升产业集群的规模与质量。

交叉型技术创新扩散、品牌建设与产业集群协同发展模式主要包括技术创新扩散、品牌建设与产业集群政产学研协同发展模式、战略合作协议模式及技术联盟模式。下面简要予以分析。

1. 政产学研技术创新扩散、品牌建设与产业集群协同发展模式

在政产学研协同的技术创新扩散、品牌建设与产业集群过程中，政府在产学研相结合过程中，通过合理的制度安排，为技术创新扩散创造着良好的制度环境；大学和科研院所在基础科学和高科技前沿做着原创性的研究工作；企业是技术应用、品牌建设与产业集群的主体，企业对技术创新成果的需求是决定技术扩散的关键因素，对技术的需求越强烈，技术扩散发生率越高；科技中介组织在技术创新扩散过程中通过有效地连接大学、科研院所、企业和政府等不同行为主体的转移行为，实现技术的持续增值，提高转移的成功率；金融机构可为大学的技术转移提供有效的资本供给，实现不同主体间的有机结合，而风险投资机构则为技术转移各行为主体解决资金缺乏的瓶颈问题，并适当地规避投资风险[①]。各行为主体需要形成一个完整、互动、高效的技术创新扩散、品牌建设与产业集群协同发展模式，实现技术创新扩

① 李应波，吕春燕，何建坤．基于创新型国家战略目标下的我国大学技术转移模式［J］．研究与发展管理，2007，19（1）：63－71.

散的成功实施，企业因此提升了自身品牌，催生产业集群的形成、发展与壮大，如图 5 – 4 所示。

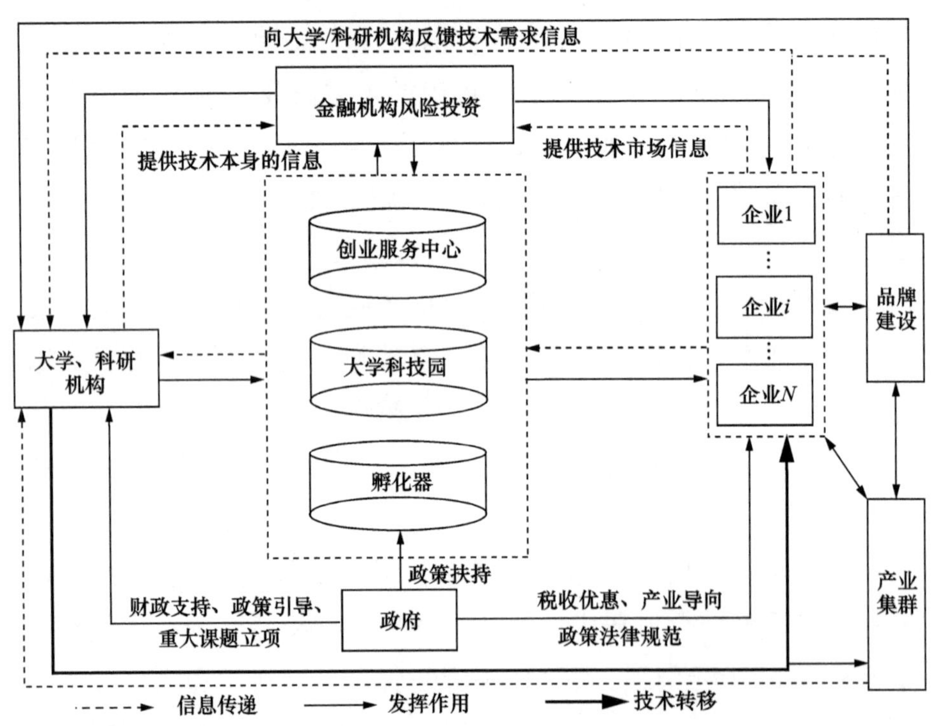

图 5 – 4　政产学研技术创新扩散、品牌建设与产业集群行为主体之间的关系示意图

2. 技术创新扩散、品牌建设与产业集群战略合作协议模式

战略合作协议模式是指企业与大学或科研院所及其他中介机构之间以股权与战略合作协议为纽带，共同从事技术创新活动，分担技术创新风险，分享技术创新收益，共同打造品牌、共同促进产业集群发展。这种合作模式是我国目前产学研合作的最主要形式。随着科技进步和经济的发展，学科日益高度分化，任何一个单位都不可能在任意领域处于全面领先的优势地位，许多技术项目需要通过战略合作、优势互补的方式攻克技术难关，实现技术产业化，这样品牌才有技术支

撑，产业集群才有发展源泉。该模式的特点是：合作各方依靠战略合作协议和经济利益的纽带联系起来，共同投资（包括技术作价入股），合同期内共同经营、共担风险、共享利润。合作内容从技术、生产方面扩大到资金、设备、人才培养、管理、销售等多个方面，再逐步扩大到品牌建设与运营、产业集群规划与实施等。合作过程由技术协作、技术生产协作延伸到技术—生产—品牌共建—产业集群—经济合作的全过程。合作功能表现为科研、设计、中间试验、生产、销售、品牌、产业集群一体化。

3. 技术创新扩散、品牌建设与产业集群技术联盟模式

技术联盟作为中间性组织形态，结合了企业和市场两个方面的管理特征和交易特征，综合了两者的优点，它不仅引入了市场的灵活机制，而且还具有企业明确的目标，并强调成员企业各种资源的互补和协调[①]。采用联盟策略可以利用市场组织方式和一体化组织方式的优势，使创新企业既可以获得外部资源的有力支持，又可以通过联盟成员的学习机制提高企业的技术能力。不过管理一体化的企业和管理一个技术联盟是有着本质区别的，为了维持技术联盟的正常运转，企业应该发展联盟能力以提高联盟的管理水平，促进技术创新活动的顺利完成。

综上所述，交叉型技术创新扩散、品牌建设与产业集群协同发展模式是指政府、企业、大学、科研院所（研究机构）等创新参与主体投入各自的优势资源和能力，在科技协会、科技中介服务机构、金融机构等相关主体的协同支持下，共同进行技术创新活动，旨在促进地区产业集群和经济的可持续发展。这完全符合党的十八届三中全会提出建立产学研协同创新机制、建设国家创新体系的精神。这种技术创新扩散、品牌建设与产业集群协同发展活动是在政、产、学、研、介、

① 刘小斌，罗建强，韩玉启．产学研协同的技术创新扩散模式研究［J］．科学学与科学技术管理，2008（12）：48－52.

金协同下完成的，其核心是产学研三方合作进行技术开发，政府通过法规、政策进行引导和鼓励，科技服务中介机构提供相关信息服务，金融机构提供资金支持，共同完成技术开发和技术创新活动、共同打造品牌、共同促进产业集群健康发展。

第六章　技术创新扩散、品牌建设与陶瓷产业集群协同发展的案例比较研究

前文分析技术创新扩散、品牌建设与产业集群协同发展的机理、模型、模式，本章重点选择具有特色的景德镇、佛山及淄博三地陶瓷产业进行典型案例的剖析，以找出其中的共性规律及差异。

一、景德镇陶瓷的技术创新扩散、品牌建设与陶瓷产业集群协同发展的案例分析

（一）景德镇陶瓷的发展历程分析

中国是瓷器的故乡，号称瓷器之国。景德镇是瓷器之国的代表和象征，制瓷历史悠久，瓷器精美绝伦，闻名全世界，故有瓷都之誉称。

景德镇陶瓷产业集群萌芽于汉代，形成于原始工业化时期的宋朝，历时 1700 余年至今仍然存在，成为世界上迄今为止最古老、历史最悠久的产业集群。我们把景德镇陶瓷产业集群的区域品牌发展分为以下几个阶段：

1. 景德镇陶瓷的诞生与成长期

景德镇地区“水土宜陶”，史籍记载，“新平（景德镇旧称）冶

陶，始于汉世”，可见早在汉代，景德镇就开始生产陶瓷。此时的陶器“质甚粗，体甚厚，釉色淡而糙”，“只供迩俗粗用”，并不远销。因此，影响所及，极为有限。历经东晋、南北朝、隋朝至唐、五代，景德镇陶瓷已开始名扬天下。唐代烧造出洁白如玉的白瓷，便有“假玉器”之称。据考古发现，景德镇五代窑址分布甚广，有十八处之多，尤其是延续六七百年之久的湖田古窑址，规模最大，影响甚远。宋代，御赐殊荣，即以宋真宗皇帝的年号改名景德镇，自此，景德镇的瓷业生产进入一个崭新时期。

2. 元明清创新发展期

元代，朝廷在景德镇设置“浮梁瓷局”。该时期，景德镇不仅有官办“枢府”窑，而且民窑也增至300余座。从景德镇的制瓷历史来看，元代是一个创新时期。明代洪武二年，朝廷在景德镇设置“御窑厂”。这时的景德镇已经成为全国制瓷行业的中心。景德镇官民竞市，“有明一代，至精至美之瓷，莫不出于景德镇”，景德镇真正成了“天下窑器之所聚”之地。清代，尤其是康熙、雍正、乾隆三朝，景德镇制瓷业达到了封建社会的鼎盛时期，跃上了历史的巅峰，在全国瓷器市场上高居主导地位。景德镇瓷器“白如玉，薄如纸，明如镜，声如磬”，尤其是熔工艺、书法、绘画、雕塑、诗词于一炉，诚乃“贵逾珍宝明逾镜，书比荆关字比苏”。典雅秀丽的青花、五彩缤纷的彩绘、斑斓绚丽的色釉、玲珑剔透的薄胎、巧夺天工的雕塑，无一不是汉族传统文化艺术的瑰宝。在乾隆时期，景德镇瓷窑多且分布广，除官窑外，还有民窑两三百处，工匠数以万计。该时期生产的青花瓷画面清晰干净，色彩翠蓝光艳，给人以清新明快之感。五彩瓷器色调强烈，富丽堂皇，较之明代又有发展。创作的粉彩瓷器色调柔和，层次分明，富有立体感。在瓷坯上用西洋油画激发作画，再入窑烧制成的珐琅彩瓷器，融汇中西，异常精美，是皇宫的专用品。这些绚丽多彩的名贵瓷器通过各种渠道，沿着陆上“丝绸之路”，海上“陶瓷之路”，“行

于九域，施及外洋”，为传播中华文化艺术、经贸交往发挥了积极的推动作用，对世界文化的丰富和发展做出了重大贡献。

3. 清末与民国衰退期

到了晚清时期而日趋衰落，《饮流斋说瓷》有“故乾隆一朝为有清极盛时代，亦为一代盛衰之枢纽，政治文化如此，瓷业亦然”。清末和民国时期，战争不断，景德镇陶瓷走向下坡路。

4. 新中国成立后的陶瓷产业发展

（1）自新中国成立到改革开放前（1949～1978 年），景德镇在原有小作坊的基础上重新组建了景德镇 11 个瓷厂（见表 6－1）。

表 6－1　1950～1990 年景德镇的 11 个瓷厂概况

瓷厂名称	发展概况
景德镇市人民瓷厂	1956 年由公私合营的华光、群益、光大三个瓷厂合并而成，称景德镇第三瓷厂，1957 年更名为新平瓷厂，1969 年改为现名
景德镇市建国瓷厂	1950 年 10 月成立，景德镇解放后第一家国有企业
景德镇市艺术瓷厂	原名工艺美术瓷厂，建于 1960 年，1972 年改为现名
景德镇市红星瓷厂	1958 年由第十一瓷厂和第十四瓷厂合并而成
景德镇市红旗瓷厂	1957 年由第六、第七和第九瓷厂合并而成
景德镇市为民瓷厂	1965 年建成投产，原名高级美术瓷厂，1966 年改现名
景德镇市宇宙瓷厂	建于 1954 年，原为建国瓷厂第一分厂，1958 年与第十三陶瓷手工业合作社和第四瓷厂合并后改现名
景德镇市东风瓷厂	前身是 1951 年由瓷商集资成立的裕民陶瓷股份有限公司，1953 年公司合营，1956 年称第一瓷厂，1958 年第八、第十八和第十九瓷厂的一部分并入，改称现名
景德镇市光明瓷厂	1961 年由红旗瓷厂一部分划出成立
景德镇市景兴瓷厂	1961 年由华电瓷厂的几个分厂和国光瓷厂合并而成
景德镇市新华瓷厂	原属新平瓷厂（今人民瓷厂）一部分，1965 年成立，到了 80 年代景德镇又建一大型陶瓷工厂华风瓷厂

景德镇市华风瓷厂，1978 年筹建，1985 年投产，自 20 世纪 90 年代开始十大瓷厂和华风瓷厂因经营不善陆续停产。

（2）改革开放后的新发展期（1979～1994 年）。改革开放后景德镇陶瓷产业从被“文革”严重破坏的状态中复苏，进入新的发展时期，景德镇市政府秉承改革开放搞活经济的方针，对陶瓷产业进行整顿和调整，全面开展对陶瓷企业管理体制的改革，分批改造主要出口瓷厂，新建大型现代化瓷厂，改造基础工业和配套工业，引进国外先进技术和装备，使景德镇陶瓷产业向现代化陶瓷产业发展。到 1990 年，陶瓷产业总产值增幅一度高达 55%，景德镇陶瓷产业进入新的发展时期。

（3）景德镇陶瓷产业衰退阶段（1995～2004 年）。1995 年，景德镇陶瓷产业增幅下降到历史最低点，产值利润率降到历史最低水平，市政府开始酝酿对陶瓷产业进行改制，改变陶瓷产业单一的结构形式和经济成分。1995 年，对原有十大瓷厂进行改制，通过“化整为零”的方案，划小核算单位，实施自负盈亏，企业产能、效益迅速出现萎缩，十大瓷厂相继陷入停产状态。通过股份、租赁、承包、兼并、破产、出售等措施，景德镇陶瓷产业组织化经营、规模化生产的格局遭到破坏，从而形成众多小企业、家庭作坊主导的分散式产业经营模式。

1995 年，景德镇陶瓷产业的产值利润率为 -15.8%，工业总产值增幅为 -13.5%，是景德镇陶瓷产业发展史上最低迷的时期。

（4）景德镇陶瓷产业复苏阶段（2005 年至今）。经过 10 年的改制，到 2005 年景德镇陶瓷产业逐渐走出衰退的困境，进入复苏阶段。徐敏燕与左和平（2013）选择陶瓷产业产值占 GDP 的比重、陶瓷产品销售增长率、陶瓷产业产值利润率三个指标来判断景德镇陶瓷产业的发展状况。研究结果表明：1995～2004 年景德镇陶瓷产业产值占 GDP 的比重持续下降，而陶瓷产品销售收入大多数年份出现负增长，产业利润率连续 10 年为负数，这三个指标很清晰地表明景德镇陶瓷产业处于衰退阶段。从 2005 年开始，陶瓷产业产值占 GDP 的比重逐年上升，到 2011 年达到新高，为 12.2%；陶瓷产品销售收入各年均实现正增长，且在2008年约为140%；产值利润率由负数变为正数，呈现增长趋势。由此可以判断，2005年是景德镇陶瓷产业发展的分水岭，产业走出衰退的阴影，进入到复苏发展阶段。这主要得益于为了挽救景德镇陶瓷产业，擦亮千年窑火熔铸的“景德镇”陶瓷这个金字招牌，景德镇陶瓷产业紧紧围绕建设“经济重镇、旅游都市、特色瓷都”的目标，通过调整结构、招商引资、大力建设工业园区等措施，产业呈现快速恢复性增长的良好发展势头，陶瓷占地区生产总值的比重逐年提高，并逐步在解困发展中走向振兴。

（二）景德镇技术创新扩散、区域品牌建设与陶瓷产业集群协同发展的优势分析

景德镇因“天下窑器所聚”而成为全国制瓷中心，在中国乃至世界确立了瓷都的历史地位。陶瓷是景德镇称都之源，景德镇因瓷而得名，也因瓷而出名，这与其技术创新扩散密不可分，形成了一个集地名、产品名为一体的区域品牌，造就了景德镇陶瓷产业集群。中国瓷都的称号曾经让这个城市“独领风骚数百年”。因此，系统梳理景德镇技术创新扩散、区域品牌建设与陶瓷产业集群协同发展的优势，有利于促使景德镇陶瓷区域品牌重振雄风。具体包括以下方面。

1. 景德镇陶瓷产业已经形成技术、产业、人才等比较完善的陶瓷产业配套体系

景德镇陶瓷产业具有技术创新扩散的优势，研发院校和科研院所有景德镇陶瓷大学、江西陶瓷工艺美术职业技术学院、中国轻工业陶瓷研究所、江西省陶瓷研究所及国家日用及建筑陶瓷工程技术研究中心等，它们是陶瓷技术创新扩散的源泉与动力。景德镇陶瓷产业经过近年的快速发展，年产值从2005年的20亿元发展到2011年的160.2亿元，占全年工业总产值的16%。2011年，陶瓷产业实现利税2.66亿元，仅在当年的景德镇国际陶瓷博览会上就完成交易8.01亿元。据

不完全统计，景德镇市内现有各类陶瓷企业3000余家，其中90%以上都和工艺陶瓷相关；3000多家陶瓷企业中虽然以中小型企业为主，但也形成了“红叶”、“玉凤”、“鹏飞”、“卡地克”等知名品牌[①]。景德镇已经初步形成了集地质勘探、矿山开采、原料加工、陶瓷器械、窑具、模具、窑炉修建、陶瓷成形、烧成、销售、研发等完整的陶瓷产业配套体系，为日后的产业集群发展打下了坚实的基础。景德镇在陶瓷产业尤其是工艺陶瓷领域占据了绝对的领导地位，全世界35%的工艺陶瓷都出自该地。近年来，景德镇陶瓷产业得到了迅猛的发展，专业化的陶瓷市场有金昌利陶瓷市场、陶瓷大世界、国贸广场、中国陶瓷城和豪德贸易广场等，吸引全国和世界各地的生产商、采购商和经销商，进而拉动景德镇陶瓷产业的发展，推动景德镇陶瓷区域品牌在陶瓷行业的迅速传播。景德镇拥有大量的民间陶瓷艺人、许多大师级陶瓷艺术大家、大量的技术研发人员等各类陶瓷产业人才近15万名，还拥有可持续的产业后备人才供给，在发展陶瓷产业方面具有突出的人才优势（黄大有，2013）。总之，充裕的陶瓷产业人才资源和完备的陶瓷研发体系为景德镇陶瓷产业发展提供了技术支撑。

2. 悠久的制瓷历史和灿烂的陶瓷文化为景德镇陶瓷区域品牌重建创造了深厚的文化积淀

郭沫若先生曾以“中华向号瓷之国，瓷业高峰是此都”的诗句盛赞景德镇灿烂的陶瓷历史和文化，陶瓷把景德镇与世界紧密相连。悠久的制瓷历史和灿烂的陶瓷文化是景德镇享誉世界的重要原因。景德镇灿烂的陶瓷文化是千年沉淀下来的与陶瓷生产相关的物质、精神、制度、行为等融合而成，是集地方文化、时代特征、特定政治背景、文化时尚、工艺水平、美学思想等诸多因素在内的手工业文化。千年不断的御窑烟火、灿烂的陶瓷文化、珍贵的陶瓷古迹、精湛的制瓷技

① 黄大有．景德镇陶瓷产业集群化问题研究［J］．行政事业资产与财务，2013（6）：105－106.

艺、古今杰出的陶瓷名家、精美的陶瓷艺术、独特的陶瓷习俗、驰名世界的陶瓷产品，共同构成景德镇独一无二的历史资源。珍贵的陶瓷历史文化古迹、精湛的制瓷技术和浓郁的文化氛围，赋予了景德镇陶瓷区域品牌独特而又完整的陶瓷文化底蕴。

3. 政府为景德镇陶瓷产业发展提供了引导与支持

国家大力鼓励创新产业与传统产业升级改造，为景德镇陶瓷产业发展指明了方向。近年来，景德镇市委、市政府为了促进陶瓷产业经济的快速增长，对传统的陶瓷产业向陶瓷文化创意产业转型升级给予了充分的关注与投入，并提出了《景德镇国际陶瓷文化创意产业基地发展规划》（2009）。2011 年景德镇市委市政府确立了陶瓷优先发展战略，并提出了陶瓷人才硅谷建设思路，设立了人才资源开发专项基金，对领军型高层次陶瓷创业人才给予 100 万元创业启动资金等激励性政策。2013 年，在市政府相关部门的政策支持下，以景德镇陶瓷股份有限公司为主体单位，成立了国家级的日用及建筑陶瓷产业技术创新战略联盟。这些都为景德镇陶瓷产业集群发展提供了引导与支撑。

4. 发达地区经济发展过程中的技术创新扩散效应为景德镇建设区域品牌创造了条件

从收益的角度，景德镇正成为发达地区资本的角逐之地。由于市场机制形成速度快，中国主要的产瓷区通过极化效应和资源积聚能力，吸收了本地、附近地区乃至全国的落后地区资源，与景德镇的陶瓷产业形成了较大的发展差距。这些产瓷区发展到一定程度后，虽然企业资本规模做得很大，企业家和技术等要素资源也十分丰富，但由于竞争加剧和城市化升级的原因，边际报酬率逐年下降。这时，该产瓷区的资本和企业家开始寻求出路，其中很重要的一条出路就是向落后地区寻找投资和发展的机会，这就是所谓的技术创新扩散效应。景德镇是离广东、福建、上海等经济发达地区最近的一个有发展条件的落后地区，而且具有较好的要素供给条件（即梯度差较小），因此接受发达陶瓷产区的旁侧效应的机会最大。从成本的角度，陶瓷产业结构的地区性重新洗牌（Reshufle）为景德镇的陶瓷产业带来机会。在当前条件下，全球的陶瓷产业结构和全国的陶瓷产业结构都在发生快速的变化，包括向落后的低成本地区布置或转移生产基地；一些大的陶瓷企业随着产业成本的演变而不断更新自己的产业结构，这将是一个重新洗牌的过程。景德镇完全可以通过自身低成本的优势，将这些大陶瓷企业引进来，壮大景德镇的陶瓷产业规模。可以说“发展特色产业集群，升级产业结构，承接产业转移”将成为景德镇经济发展新的增长极。

（三）景德镇技术创新扩散、区域品牌建设与陶瓷产业集群协同发展的劣势分析

1. 高岭土核心资源日益面临枯竭

就景德镇产业集群而言，资源依赖是景德镇陶瓷产业集群的主要特征之一，其在演化过程中形成的结构性锁定是内生的。以陈设艺术瓷和日用陶瓷为主的产业结构过于单一，高技术陶瓷、建筑卫生陶瓷等产业起步迟，陶瓷产业发展滞缓的矛盾就相对较突出。卓越的自然资源禀赋条件赋予了景德镇发展工艺美术瓷和日用陶瓷独特的竞争优势。然而，当景德镇陶瓷产业发展所依赖的高岭土核心资源面临枯竭时，产业结构性锁定所蕴含的系统性风险就很快释放出来。很多以瓷土为主要生产原料的瓷土矿企业和制瓷企业就可能面临着破产、倒闭、停产或半停产的风险。根据官方统计数据，景德镇全市国有和集体瓷矿及制瓷企业数量，从20世纪90年代的300余家下降到2007年的157家。2005~2007年，景德镇瓷矿制瓷业产值占全市工业总产值的比重逐年下降，由11.9%下降至11.3%，从业人员占全部从业人员的比重也从2005年的20.1%下降到2007年的11.2%。具体而言，景德镇具有发展现代陶瓷产业所需的资源禀赋条件和产业基础条件，资源

枯竭并不是指现代陶瓷原料的枯竭，而是指用来制作上等陈设工艺瓷的高岭土的稀缺。已有研究表明，在资源禀赋指标中，景德镇陶瓷产业集群所得分值较低，说明景德镇陶瓷产业集群已经面临自然资源枯竭①。因此，根据资源禀赋条件，景德镇陶瓷产业集群实现转型升级和可持续发展所面临的可行的产业结构选择可推动传统陶瓷产业的进一步深化和高级化，形成多元化的产业结构。

2. 一线品牌同国内外知名品牌相比过于弱小，二线品牌成长缓慢

“景德镇”这个金字招牌由于其自身具有强大的影响力，因此在某种程度上把企业所经销的商品品牌给淹没了。这种状况造成了很多陶瓷企业打造自身品牌的意识薄弱，形成了惰性。尽管景德镇陶瓷产业集群各类陶瓷企业有 1 万余家，但具有一定知名度的陶瓷品牌，如“景德镇”、“龙珠阁”、“红叶”等，其所占的比例可谓是凤毛麟角。此外，景德镇陶瓷产业的二线品牌数量过少，陶瓷企业中还有一大部分是作坊式生产，规模与一线品牌相比落差较大，无法与一线品牌形成梯队。由于这些小规模陶瓷企业成长缓慢，导致了景德镇陶瓷区域品牌建设的后续力量不足。同其他产瓷区相比，也存在着较大的差距。景德镇市 2009 年陶瓷产值超过 100 亿元，而广东潮州 2007 年的陶瓷产值就已经达到了 774.4 亿元。此外，同国际知名日用陶瓷和艺术陶瓷企业相比，也显得过于弱小。

3. 景德镇缺乏创新的文化环境，企业自主创新的研发能力差

在景德镇，由于长期的历史文化积淀，隐约会感受到一种利于守旧而不利于进取的文化，制约了人们的创新精神，所以也就导致了景德镇许多陶瓷企业似乎缺乏求变的精神，总是“计划”多一点。在景德镇的几个主要陶瓷流通专业市场，都流通着很多缺乏创新的产品，有的产品做了几十年乃至数百年到今天没有丝毫改变，对陶

① 徐敏燕．景德镇与佛山陶瓷产业集群竞争力比较分析——基于 AHP 法的实证检验［J］．科技管理研究，2014（1）：155－158．

瓷艺术的简单复制导致了产品特色不明显，缺乏鲜明的个性和独创性，大路货泛滥，从根本上制约着景德镇陶瓷向高品质、高知名度、高竞争水平产业发展。就景德镇整个陶瓷行业来说，自主创新能力缺乏，真正靠研发带动企业盈利的公司又很少，行业跟风抄袭的情况非常严重，产品雷同多、创新少，“三少三多”即高中档少，低档多；自制创新产品少，仿制产品多；特色产品少，大路货多。正是这种市场竞争格局使景德镇的陶瓷产业出现了增量不增收、有规模无效益的尴尬局面，产业整体竞争能力大打折扣，市场竞争处于劣势。

4. 未能与时俱进，跟上市场经济快速变化

20 世纪 90 年代中后期，随着我国市场经济体制逐渐建立起来，景德镇陶瓷企业经营的市场环境发生了巨大变化。市场竞争环境日益动态化，技术创新的速度加快，而此时景德镇陶瓷产业却出现了严重的不适应症，产业发展进入了低谷。绝大多数国有陶瓷企业的经济效益日益滑坡，出现了大面积的亏损，资产负债率居高不下，生产也逐渐陷入停产、半停产状态。为了摆脱陶瓷产业发展困境，景德镇政府对生产经营处于困难境地的国有陶瓷企业推行了激进式改革，先后采取了“两权分离，租赁承包”、“股份、租赁、承包、兼并、破产、出售”等一系列“化整为零”的企业改革改制措施，将原来有相当规模的陶瓷企业拆分为缺乏规模经济效应、配套设施不健全，融资能力、营销能力与新产品研发能力普遍欠缺的，小作坊式的民营陶瓷生产经营承包实体（李海东，2014）。可见，这种激进式变革在一定程度上彻底打破了景德镇陶瓷产业原来完善的组织化经营、规模化生产的产业格局，极大地侵蚀了景德镇陶瓷产业发展壮大的根基，而那些由大规模陶瓷企业裂变而产生的、缺乏发展后劲的民营陶瓷生产经营实体无疑会制约整个陶瓷产业市场竞争力和创新能力的提升。

（四）景德镇技术创新扩散、区域品牌建设与陶瓷产业集群协同发展的经验

1. 政府发挥自身优势，改善陶瓷产业技术与创新制度环境

进入21世纪以后政府对陶瓷产业重新有了明确的定位，提出了重振陶瓷产业的战略思路，江西省政府对景德镇提出了“重振瓷都雄风，把景德镇建设成为经济实力较强的经济重镇，把景德镇建设成为历史文化与现代文明融为一体的江南旅游都市”的总体构想。2004年，国家科技部和江西省人民政府决定在景德镇打造国家陶瓷科技城，旨在把景德镇打造成陶瓷研发设计、陶瓷人才培育、陶瓷文化技艺交流和陶瓷交易的四个国家级平台。同年，中国国际贸易促进委员会、轻工业联合会和江西省人民政府共同举办了首届景德镇国际陶瓷博览会。2005年，景德镇市确定以高档批量出口的日用瓷、适应世界市场的艺术瓷和新材料的高技术陶瓷为主，以电瓷、洁具、建材为辅的大陶瓷格局。通过政府的努力，国家开发银行也对景德镇的城市开发授信40亿元贷款，用于改善景德镇的城市基础设施建设，江西省正在积极推动把景德镇建设成为中国陶瓷城①。为了推动景德镇陶瓷产业的转型升级，景德镇市政府先后出台了一系列措施来改善陶瓷产业技术与创新制度环境。

2002年8月，《中共景德镇市委、景德镇市人民政府关于加快我市陶瓷产业发展的若干意见》提出了景德镇陶瓷产业发展的主要目标、基本思路和六大举措，希望把陶瓷产业总量做大，调优结构，增强综合竞争力。从2003年开始，随着发展战略的重大调整，景德镇政府着力从陶瓷产业发展的大环境入手，着力打造振兴陶瓷产业的新平台，推进配套系统工程建设。重点突破制约陶瓷产业发展的关键瓶颈，在金融、土地、供电、燃料等方面破解难题，大力扶持重点企业扩大生

① 李平．景德镇陶瓷产业集群发展中的政府作用研究［D］．江西财经大学硕士学位论文，2008.

产，尽快形成规模效应。从制度创新入手，高标准建设国家日用及建筑陶瓷工程研究中心，这是景德镇为全国区域型传统产业现代化及区域创新发展做出的积极探索，也是景德镇在国家科技创新体系建设中进行区域创新的大胆尝试。从此，景德镇的陶瓷产业开始有了发展。

2005 年景德镇出台了一系列促进陶瓷产业发展的政策措施，不断调整陶瓷产业结构，推进国企改革，大力发展民营陶瓷经济，景德镇陶瓷产业逐步恢复增长势头。2007 年，景德镇市被国家发改委列入中部地区老工业基地改造的试点城市，国家对景德镇企业欠息、做实个人社保账户、产业结构调整、企业体制创新等方面有较大的政策扶持。景德镇市政府号召各相关部门一定要以大局为重，增强责任意识，积极配合，巩固成果，百尺竿头，更进一步，要抓住这一历史机遇，为加快景德镇陶瓷产业的发展而奋斗。

2008 年景德镇市政府为了全力促进陶瓷产业振兴，紧紧抓住国内外陶瓷产业转移、重组的机遇，以省部共建景德镇国家陶瓷科技城为龙头，推进陶瓷产业、科研、人才、交流四大基地建设，以项目建设促进陶瓷产业发展，加快金意陶、乐华和特地等一批投资 10 亿元以上的重大陶瓷项目建设进度，积极培育销售规模超 5 亿元、10 亿元的骨干企业群，形成景德镇陶瓷产业的支撑力量（李平，2008）。此外明确提出了具体的政策措施，推进陶瓷工业园区建设，完善园区水、电、气等配套设施，快速推进西区标准化厂房建设。积极支持鼓励本土企业做大做强，形成内外企业共同发展、国有民营共同促进、各个生产环节协调推进的大陶瓷产业发展格局，提高陶瓷创新能力。提出要充分发挥景德镇人才、技术优势，加快建立以企业为主体、市场为导向、产学研相结合的技术创新体系，促进陶瓷科技成果向现实生产力转化。号召企业把陶瓷高新技术的引进消化吸收再创新结合起来，不断推出陶瓷新材质、新器型、新花面、新品种，增添陶瓷发展的生机和活力。政府还声明加快推行陶瓷标准化建设，进一步加强陶瓷知识产权保护，

规范市场经营秩序，继续抓好陶瓷市场整顿，规范陶瓷市场经营秩序，积极建立长效市场管理机制。抓住“奥运商机”，做好“奥运瓷”的生产、经营工作。扶持重点陶瓷专业市场做大做强，着力将景德镇市培育成集天下名瓷之大成的陶瓷大市场。围绕“一年站稳、三年站好、五年站高”的目标，全力办好2008年景德镇国际陶瓷博览会，提升陶瓷会展水平。

2011年景德镇市委市政府确立了陶瓷优先发展战略，提出了举全市之力支持陶瓷产业发展，精心打造陶瓷产业基地、教育基地、科研基地、交流基地战略目标，并不断积极探索新思路、新举措，并提出了陶瓷人才硅谷建设思路，设立了人才资源开发专项基金，对领军型高层次陶瓷创业人才给予100万元创业启动资金等激励性政策。总之，各级政府对于景德镇陶瓷产业的大力支持为景德镇陶瓷产业集群发展提供了强有力的技术与创新政策支持，将有力地推动传统陶瓷产业改造。

2. 历来重视打造人才高地

从历史的视角看，两宋战乱造成江南历史上最大的移民潮，实现了主要陶瓷市场从北方向南方的空间位移。从景德镇在宋朝以后特别是明清时期瓷业从业人员籍贯变动看，流动人员、移民是景德镇陶瓷保持活力并不断取得进展的极端重要的因素。大量熟练劳动力、管理人才和技术人才特别是关键技术人才的相继进入，给景德镇瓷业充实了大批技术力量，中断了知识积累的自然进程，加速了景德镇与外地陶瓷特色产业集群的技术交流，使景德镇瓷业的工艺水平在较短的时间里获得新的提高。

宋、元时期，景德镇瓷业逐渐吸收、聚集省内外各大著名瓷窑的优点和长处并有所创新，最终导致特色产业集群形成并在元朝得到初步发展；明清时期，在此基础上进入大发展、大创新时期。这样，景德镇在既有的存量知识基础上，又不断吸引外来技艺，相得益彰，锦上添花，甚至集天下制瓷技艺之大成，促使产量、质量不断提高和品种的丰富多彩。景德镇正是获得了大量足以支撑其陶瓷工业发展的所有各种增量知识，从而确保了陶瓷特色产业集群持续不断的创新能力，迅速提升了景德镇陶瓷特色产业集群在全国陶瓷工业中的地位，最终改变了我国整个陶瓷工业的格局，成为我国乃至世界的瓷都①。

如今，每一年都有大批外地艺术家来景德镇进行陶瓷创作和文化艺术交流。外来艺术家通常有着创造性的思维和观念，他们很少受到当地传统文化观念的束缚。因此，他们能够将景德镇浓厚的千年陶瓷文化底蕴融入到自身个性化的陶瓷艺术创作之中，赋予景德镇传统陶瓷文化以新的创意与内涵。同时，景德镇通过加大文化产业项目的招商引资力度，引进了一大批陶瓷文化创意企业入驻产业集群陶瓷创意产业试点工业园区。规模化和创新能力强的陶瓷文化创意企业通过有效整合本地科研资源、人才资源、成熟的陶瓷产品制作工艺等形成了集群企业创新网络，开发出一系列具有自主知识产权和核心竞争力的创意产品，并通过自身完善的销售网络，迅速实现创意产品的商品化和市场化。

此外，景德镇逐渐形成了一种适合大学生创业的产业氛围，吸引了我国很多美术院校的毕业生来景德镇创业。在一部分大学生创业成功之后，驱动了更多大学生和民营陶瓷作坊的效仿与跟进。可以说，在区域外大量创意人才和创意企业进驻景德镇的情形下，景德镇陶瓷产业内部日益形成一种鼓励创新和创意的文化价值观和企业家精神，推动了产业创新知识和技术在整个集群中的扩散，进而产生了集群企业的集体性学习过程（李海东，2014）。因此，人才被视为景德镇陶瓷产业集群发展创造不竭的动力。新的认知和企业家精神逐渐演变成为景德镇陶瓷产业集群收益递增的正反馈机制，最终推动产业的转型

---

① 刘善庆，陈文华，叶小兰．知识投入在陶瓷特色产业集群形成和发展中的作用［J］．商业时代，2007（34）．

升级。

3. 打造高新技术陶瓷产业集群

近年来，景德镇正大力实施科技创新战略，着力打造以高新技术陶瓷为核心竞争力的陶瓷产业新格局，以新技术为支撑的高新技术陶瓷产业集群正在形成。2003 年，国家科技部批准实施兴建景德镇国家陶瓷科技区域创新体系，高标准建设陶瓷生产、科研、人才和交流四大基地，国家日用及建筑陶瓷工程技术研究中心、中国陶瓷知识产权信息中心等国家级陶瓷科研平台相继落户景德镇，为景德镇陶瓷的转型升级创立了面向世界的国家级平台①。2013 年在市政府相关部门的政策支持下，以景德镇陶瓷股份有限公司为主体单位，成立了国家级的日用及建筑陶瓷产业技术创新战略联盟（李海东，2014）。据了解，景德镇市从事高新技术陶瓷生产的企业有 60 多家，一批高技术陶瓷科研成果正在陶瓷科技园区内孵化，成果显著。景德镇开发生产的低膨胀材料系列产品产业化项目荣获国家科技进步二等奖；瓷绝缘子独家用于京津高速铁路建设，其产品满足了高达 350 公里时速列车运行的要求；研发生产的微波介质滤波器件，曾用于神五、神六飞船上，纳米陶瓷刀具荣获 2008 年北京奥运会的特许商品标识（伍勇峰，2011）。

二、佛山陶瓷的技术创新扩散、品牌建设与陶瓷产业集群协同发展的案例分析

（一）佛山陶瓷的发展历程分析

佛山陶瓷源远流长，已有 5000 多年的历史。石湾历来有“南国陶

① 伍勇峰. 景德镇打造高新技术陶业集群［J］. 陶瓷，2011（4）：73.

都”的美誉，有源远流长的陶文化底蕴，是岭南文化的重要组成部分。早在原始社会的新石器时代，就有了制陶的历史，到唐宋时期已经非常发达，明清两代达到鼎盛，自明代起，石湾的艺术陶塑、建筑园林陶瓷、手工业用陶器等就不断输出国外。20 世纪 80 年代以前，佛山陶瓷主要以日用陶瓷、工艺美术陶瓷为主，有少量的建筑陶瓷。

分析 20 世纪 80 年代以来的佛山陶瓷的发展历程，主要分为以下几个阶段①：

1. 佛山陶瓷产业成长期（1983～1997 年）

以 1983 年佛山耐酸陶瓷厂引进意大利全自动生产线，开启佛山乃至中国陶瓷业发展的序幕为标志，从此佛山陶瓷产业开始进入了规模化、产业化的阶段，技术不断提高，产能不断扩大。当时国内改革开放刚开始不久，百废待兴，经济蓬勃发展，对陶瓷的需求增长迅速；珠三角作为改革开放的前沿，政策活、思想开放，基础设施不断完善，为佛山陶瓷产业集群的发展带来了巨大的机遇，陶瓷企业数量不断增多，配套设施不断完善，集群性越来越明显，佛山陶瓷产业的发展进入了黄金时期。此时陶瓷企业，以单一化产品大量生产来满足广大的市场需求。

2. 佛山陶瓷产业稳定期（1997～2002 年）

第二阶段以 1997 年鹰牌陶瓷和东鹏陶瓷推出大规格抛光砖和金花米黄色的瓷砖为标志，新产品的推出改变了素色小规格瓷砖单调的色彩，给市场提供了一种更具美感的产品。通过第一阶段成长期的发展，佛山陶瓷产业得到了迅速发展，产品市场逐渐饱和，市场需求逐渐向多样化发展，这个时候鹰牌陶瓷和东鹏陶瓷推出新产品无疑契合了市场的需求，品牌也得到了较好的认同，取得了丰厚的利润回报。其他企业于是迅速跟进，加速了建陶企业品种、花色创新的步伐，更重要

---

① 周伯源．全球价值链视角下的陶瓷产业集群升级研究［D］．中南大学硕士学位论文，2007.

的是佛山建筑陶瓷企业管理层的经营理念得到转变。陶瓷企业开始认识到实施产品差异化战略才能取胜市场，在产品创新战略走在前列的企业迅速占领市场，利润丰厚，成就了一大批国内名牌陶瓷企业。

3. 佛山陶瓷产业升级期（2002 年至今）

进入 21 世纪后，佛山陶瓷产业凭着低廉的价格迅速打入国际市场，出口增长迅速，但是以低端产品为主，利润率低，同时面临着国际反倾销事件的威胁，在能源和供应原料等成本价格不断上涨的情况下，以低价格取胜的市场策略越来越难以为继，加之国内其他陶瓷产区迅速崛起对佛山陶瓷形成了严峻的竞争态势。尤其以 2002 年中国佛山陶瓷博览会上建筑面积均超过 5 万平方米的中国陶瓷城和华夏陶瓷博览城两个超大型博览中心同时开业为标志，昔日的骄傲产业如今却面临严峻形势。数百家企业在方圆不到 10 平方千米的地区同时生产陶瓷，产品雷同，缺乏个性，加上传统技术日益跟不上现代化的市场需求，利润空间大为缩水；能源价格大幅飙升使得高能源消耗的陶瓷产业面临考验。一大批陶瓷企业利润急剧下降，部分陶瓷企业开始考虑搬迁到内地，还有一部分企业经营不善倒闭。面临新的形势，佛山陶瓷需要采取新的举措才能克服困境。总而言之，佛山陶瓷产业到了升级的时期。投巨资兴建中国陶瓷城和华夏陶瓷博览城，是佛山迈出了产业升级的第一步。这两个陶瓷博览城不仅限于展览，它还将是陶瓷企业的研发中心、物流中心、信息中心。佛山市计划将它们建设成为建陶企业的市场营销平台和陶瓷品牌的“孵化器”，帮助企业尽快实现生产和流通的双向通道。

2004 年，佛山市禅城区石湾街道被中国建筑材料工业协会、陶瓷英才网、中国建筑卫生陶瓷协会授予中国陶瓷名镇，引起了社会各界的强烈关注。2005 年 12 月，佛山禅城陶瓷产业被列入广东省首批产业集群升级示范区。佛山是我国最大的、最重要的陶瓷生产基地，陶瓷已发展成为佛山主要传统支柱产业之一，其产业基础雄厚，辐射力大，就业者众，在佛山经济中占有重要地位。在中国陶瓷产业中，广东省佛山市已经成为中国规模最大、实力最强的建筑卫生陶瓷生产基地。据不完全统计，2008 年佛山有规模以上陶瓷企业 369 家，工业总产值为 699.86 亿元，出口额超过 62.8 亿元。佛山陶瓷生产线 1000 多条，陶瓷墙地砖产量已达 16 亿平方米以上，卫生洁具陶瓷产量达 1300 万件套，约占广东省的 90% 和 20%，全国的 40% 和 16%，全球的 25% 和 5%；陶瓷机械约占全国的 80%，陶瓷色釉料生产约占全国的 50%①。佛山陶瓷产业不仅具有规模大、中小企业数量众多等特点，而且还拥有一大批品牌优势明显、竞争力强的企业，行业内已经形成了庞大的专业市场、陶瓷装备、釉料、配件等配套体系。

（二）佛山陶瓷的优势分析

佛山位于珠江三角洲，其经营环境要比内地宽松优越得多，再加上交通的便利及靠近优质原材料产地的优势，民营陶企的崛起和民间资本的介入，撑起了佛山陶瓷产业的框架，其运营成本和管理效率，要比其他产区的陶企好得多。系统分析佛山陶瓷的成长经历，其优势主要表现在如下六个方面：

1. 品牌优势

一方面，佛山陶瓷形成了一批龙头企业和著名品牌。2004 年，佛山陶瓷产业拥有年产值超亿元的企业 78 家，占全市的 13.7%。涌现出佛陶、鹰牌、东鹏、新中源、新明珠、蒙娜丽莎、欧神诺、嘉俊、能强和金舵等一大批龙头企业。同时，培育出一大批著名的企业品牌。佛山陶瓷拥有“中国驰名商标”2 个（东鹏、新中源）：“中国名牌产品”7 个，占全国同行业（12 个）的 58%；“中国陶瓷行业名牌产品”28 个，占全国同行业（68 个）的 41%；“国家免检产品”有 26

① 李海东．基于社会网络分析方法的产业集群创新网络结构特征研究——以广东佛山陶瓷产业集群为例［J］．中国经济问题，2010（6）：25－33.

个，“广东省著名商标”有18个，“广东省名牌产品”有26个（周伯源，2007）。另一方面，佛山陶瓷形成了著名的区域品牌和陶瓷文化。5000多年延绵不断的制陶历史，为佛山陶瓷积淀了深厚的历史文化底蕴；改革开放后的强势发展，更是彰显了佛山陶瓷的丰富内涵，使佛山素有“南国陶都”的美誉。近年来，佛山先后被国家科技部认定为国家建筑卫生陶瓷特色产业基地、国家有关协会授予中国陶瓷名都的荣誉称号。佛山陶瓷的核心区——禅城区也先后被国家有关协会确定为中国建筑陶瓷进出口基地，被省政府认定为首批广东省产业集群升级示范区。佛山还拥有石湾和南庄两个被省科技厅认定的陶瓷专业镇，并分别被国家有关协会和部门授予中国陶瓷名镇、陶艺文化之乡和中国建陶第一镇的荣誉称号。为了更好地保护和开发佛山陶瓷的区域品牌，市陶瓷行业协会已向国家工商总局注册了佛山陶瓷的普通商标。佛山陶瓷已成为让世界认识佛山，让佛山走向世界的漆金名片，成为弘扬佛山历史文化和宣传城市形象的重要媒介。

2. 技术装备和工艺水平全国领先、产品创新的优势

佛山陶瓷技术创新体系较完善。有各级企业技术中心3个，其中广东佛陶集团股份有限公司技术中心是我国陶瓷行业唯一的国家级技术中心；企业工程技术研究开发中心有14个；高新技术企业有9个；民营科技企业有45个。由南庄镇政府与景德镇陶瓷学院合作的佛山市华夏建筑陶瓷研究开发中心，是我国唯一的国家级建筑陶瓷研发中心，以其为依托还建立了国家建筑卫生陶瓷生产力促进中心、国家日用及建筑陶瓷工程技术研究中心建筑卫生陶瓷分中心等公共创新平台。产品质量监督及检测体系较完备，拥有国家陶瓷产品质量监督检验中心、国家级建筑卫生陶瓷检测重点实验室、国家日用陶瓷技术监督及检测中心佛山工作站、英国陶瓷研究协会华夏陶瓷检测中心等陶瓷产品质量监督及检测机构。生产装备较先进，全市拥有1000多条陶瓷生产线（周伯源，2007）。佛山陶瓷除了质量好、花色品种丰富、配套齐全

外，产品创新也是佛山陶瓷的强项。从20世纪80年代开始，佛山陶瓷进入规模化、产业化、品牌化产品创新发展阶段，涌现出一大批竞争力强的企业，包括新中源、新明珠、蒙娜丽莎、罗马利奥、顺成、宏宇、雅士高夫、金意陶、欧神诺、金舵、罗浮宫、兴辉、鹰牌、东鹏、卓远、楼兰、美陶（瓷砖）、奇丽砂（白砖）等多家知名品牌，此外还有一大批行业知名企业。综观我国几大陶瓷产区，其新产品、新花色、新工艺、新装备基本都来自佛山，可以说，佛山陶瓷引领潮流，代表我国建陶业的发展方向。

3. 人才优势

佛山陶瓷造就了一支陶瓷产业人才队伍。由于产业的集聚效应，各类陶瓷管理人才、研发人才、营销人才、策划人才、技术工人和熟练工人齐聚佛山。仅景德镇陶瓷学院就有3000多名毕业生和校友在佛山陶瓷产业从业。佛山陶瓷产业从业人员达10万人之众，约占全市工业从业人员的一成，为佛山陶瓷产业发展提供了强有力的人才保障和智力支持。佛山陶瓷行业拥有国家工艺美术大师9人（其中在世7人），占全国的23.7%；国家陶瓷艺术大师有11人（其中7人为国家工艺美术大师），占全国的31.4%；广东省工艺美术大师有19人，占全省的22.6%；广东省陶瓷艺术大师有9人，占全省的56.3%，是全国陶瓷产区中工艺美术大师和陶瓷艺术大师最密集的地区①。佛山聚集和培养了我国陶瓷业最庞大的科技人才和经营管理人才，形成了佛山陶瓷强大的人才优势，从而确保了佛山陶瓷在各产区继续领先的地位。

4. 规模优势

佛山形成了全国乃至全球最大的陶瓷生产基地。据有关行业内人士测算，佛山有陶瓷生产线1000多条，建筑陶瓷年生产能力达16亿平方米，卫生陶瓷年生产能力达1300万件（套），约占全省的90%和

① 陆明祥．职业教育对佛山陶瓷产业发展的影响［J］．佛山陶瓷，2005，15（9）：31－33.

20%、全国的40%和16%、全球的25%和5%；陶瓷机械约占全国的80%，陶瓷色釉料生产约占全国的50%，成为全国乃至全球最大的陶瓷生产基地（周伯源，2007）。佛山的陶瓷企业数量之多、规模之大，其他产区还无法攀比，仅建陶行业获得的中国驰名商标数量就占到全国的一半以上，佛山陶瓷在各地市场有着很高的知名度和强大的市场渗透力，同时佛山的主要陶瓷企业一般规模较大，抗风险能力强。佛山市禅城区、三水区等地都建有庞大的生产基地，具备大规模的制造能力。

5. 物流和信息流通优势

中国陶瓷城、华夏陶瓷城、瓷海国际、中国陶瓷产业总部基地、佛山市意美家卫浴陶瓷世界、中国马赛克城等一大批大型陶瓷展示与交易平台的建成，不仅是一般物流意义上的产品流通的途径，更是整合物流方向、环节、条件的控制与调节的枢纽，整合陶瓷产品贸易、陶瓷产业信息、陶瓷产业博览、陶瓷生产配套、陶瓷仓储等多重资源优势建设现代化物流窗口，大大强化了佛山作为中国建陶物流中心的地位。佛山形成了青柯、置地、华艺、沙岗、河宕五大陶瓷专业批发市场，中国陶瓷城和华夏陶瓷博览城两大陶瓷展示和会展中心，江湾路和南庄大道两大陶瓷专业街，年销售额超过100亿元。如此庞大的陶瓷商品集散中心，是国内外其他地区所无法比拟的。佛山也是全国最大的陶瓷会展中心。拥有佛山国际会议展览中心（华夏陶瓷博览城）和中国陶瓷城两大会展场馆，近年来举办了10多个大规模的陶瓷会展。经过2004年的陶瓷会展业整合之后，形成了陶瓷产品展（中国佛山（国际）陶瓷博览交易会）、陶瓷工业展（佛山中国（国际）陶瓷工业展览会）和陶瓷艺术展（陶艺节）三足鼎立的陶瓷会展格局。同时，佛山已成了国内外陶瓷信息交汇的集中地，与世界著名陶瓷企业的紧密联系，使佛山始终拥有新鲜的信息资源。

6. 形成了完善的配套产业

随着佛山陶瓷产业的不断发展壮大，相关的配套产业也迅速发展起来，形成了专业化分工、产业化协作、集群化发展的格局。佛山共有陶瓷机械、陶瓷原材料、陶瓷配件、陶瓷包装、耐火材料、模具等专业生产厂家以及科研院所、专业媒体、广告公司、物流公司、专业市场、行业会展、中介组织等相关配套企业1000多家，形成了强大的产业配套体系和能力。佛山是我国最大的陶瓷装备制造业基地，是当前全国唯一能提供国内和出口现代化全套墙地砖生产线技术装备的地区。有陶瓷装备制造企业200多家，年产值近30亿元，约占全国的80%、全球的15%（周伯源，2007）。佛山也是我国最大的陶瓷化工色釉料生产基地，拥有一大批陶瓷化工色釉料生产强势企业，产品工艺成熟，性能稳定，并大量出口亚洲、欧洲市场，连意大利、西班牙等陶瓷强国也购买佛山的高温包裹色料。总之，佛山陶瓷有着完善的产业链，压机、抛光机、印花机、窑炉、熔块、色料、釉料、包装等相关陶瓷装备和原材料各呈异彩，形成了相关产业共同发展的良性滚动格局，以陶瓷制造为主链，整合了众多产业资源，形成了强大的整合优势。

（三）佛山陶瓷的劣势分析

虽然佛山陶瓷从表面看发展前景良好，但实际上存在着不少问题，具体包括如下方面：

1. 资源约束日益突出

佛山陶瓷的发展面临着燃料和原材料价格上涨、利润空间趋薄、土地资源枯竭、劳动力供给短缺等矛盾日益突出，发展后劲不足，国际竞争力不强等状况。可以说，原有发展模式的空间迅速缩小，已到了升级转型发展的关键时期。经过多年的发展，佛山及周边的陶瓷原材料沙土已基本消耗殆尽，需要到其他较远的地区甚至省外采购，成本增大。陶瓷产业是耗能大户，燃料成本约占30%，近两年油价飙升已使燃料成本提高到40%左右，对以燃油为主要原料的陶瓷企业的冲击特别大。随着石油价格上升，化工原料、色釉料、包装材料等也跟着上涨，加上技术工人短缺，人工费用增多，造成佛山陶瓷的生产成本较四川、福建、山东等地区高，来自国内这些瓷区的竞争压力增大。

2. 环境污染仍然严重

陶瓷产业是典型的污染产业，其废气排放量位居各行业之首，约占50%，二氧化硫排放量居第二位，约占25%，工业粉尘排放量居首位，约占99%。不少陶瓷企业不注重环保治理，对环保的投入不够，造成产业与城市发展不融洽的被动局面。尤其是承包企业，只想赚快钱，缺少技术改造，造成的污染更严重，更不利于陶瓷产业的发展。随着城市的扩张、经济的发展和人们生活水平、环保意识的不断提高，环保的压力越来越大，各方面对佛山是否保留陶瓷产业仍存争议。一些部门、地区、专家和不少市民对陶瓷产业的发展持不支持、不同情甚至是反感的态度。据了解，各地在编制“十一五”相关规划中，仅禅城区对陶瓷产业发展给予了关注，其他各区基本上在三年前就已停止了对新建、扩建陶瓷项目的审批。

3. 自主创新能力不强

佛山陶瓷的技术装备国内领先，但与意大利、西班牙相比还有较大差距，在装备和生产技术、成型及釉线装备方面比意大利、西班牙落后。在技术创新和改造方面，大多数企业投入不足，缺乏研发能力，出现偷技术、产品同质化、技术纠纷多的不良现象，核心竞争力不强。在佛山十大优势行业中，陶瓷建材行业大中型企业占16%，但R&D（研究与开发）经费与人员只占0.2%和2%，专利申请总数和发明专利申请总数只占0.5%和5.6%，R&D经费、R&D经费占销售收入的比重倒数第一，R&D人员、专利产品设计方面倒数第二；陶瓷建材行业高新技术企业占3.7%，但R&D经费与人员只占3%和2.9%，属于较差的类别（周伯源，2007）。佛山陶瓷的自主知识产权问题已在国内和国际主要陶瓷产区引起广泛关注。在产品设计方面，佛山陶瓷企业虽然不断推出新产品，但总的来说数量不多，大部分企业缺乏自主开发能力，模仿现象严重，产品开发没有走出经验型、引入型、模仿型和实用型之路。据统计，陶瓷新产品产值率不足1%，在佛山十大优势行业倒数第二。大部分产品仍属于大路货，产品同质化，质量档次与华东一带台资企业相比落后一档，市内同类产品价格差距较大，出口价格只有国际市场产品价格的1/3，这与佛山市原材料紧缺，成本较高不相适应。佛山也缺乏具有国际知名的品牌和企业，品牌战略与品牌经营水平与江浙地区相比也存在较大差距，佛山陶瓷在市场上未能树立应有的品牌和价值。

4. 行业自律较薄弱

虽然2004年整合成立了统一的佛山市陶瓷行业协会，但由于种种原因，其在行业自律方面的作用未能得到充分的发挥。不少陶瓷企业缺乏全局观念和行业意识，行业责任感差，以不交会费、不出席会议、不参加活动等方式消极对待行业协会，也致使行业协会难以发挥作用。企业相互之间缺乏沟通，难以沟通，部分企业在竞争中不够尊重对手，不是希望在竞争中提高、发展自己并超越对手，而是希望对手垮台，新产品不是自己研发，形成自己的特色，而是一味跟进，造成同质竞争，自相残杀打价格战，甚至把价格战打到国外。由于行业自律不够，行业同质化严重，市场秩序混乱，存在品牌、产品、销售理念、企业运营等多方面的严重同质化，造成无序竞争，严重影响了行业的发展，难以形成区域性的竞争合力。

5. 企业多而不大、不强

佛山陶瓷企业多，但大而强的现代企业极少。2004年，产值超亿元的陶瓷企业有78家，但超10亿元的一家也没有（此处有关部门按独立法人单位统计，但即使按企业集团统计，超10亿元的企业也不过2家，且均不超过20亿元）。在2005年纳税超1000万元的305家企业中，陶瓷企业有9家，仅占2.95%，其中超3000万元的只有1家，超

5000万元和超1亿元的企业一家也没有（周伯源，2007）。佛山陶瓷企业大多数为民营企业，许多私人企业还没有走出家族化管理模式。具有现代化的企业结构甚少，精英级的管理人才、技术人才及营销人才比较缺乏，开拓国际市场的能力较弱，跨国经营、发展外向型经济方面竞争力不强。资本运营能力不够，除了鹰牌陶瓷在新加坡上市外，其他陶瓷企业均未上市，不少企业以不向银行借款为荣，不善于运用资本来做大做强企业，离现代企业资本运营有较大的距离。

6. 外贸出口存在诸多障碍

随着佛山陶瓷出口迅速增长，对国外同类产业造成较大冲击，这些国家和地区纷纷通过技术壁垒、反倾销以及其他贸易壁垒来阻止我国陶瓷进口，佛山陶瓷出口碰到的阻力越来越大。佛山陶瓷出口以贴牌和代理出口为主，而自有品牌出口和自营出口很少，造成出口单价和利润不高。佛山陶瓷出口产品的质量和档次不高，放射性问题仍有待进一步克服。国际市场营销人才也十分缺乏。随着市场竞争的日趋激烈，冲出国门，开拓国外市场已成为业界的共识。但由于缺乏高素质人才，陶瓷技术研发、产品销售、公司管理、外贸经营专业人才等跨行业、多学科交叉的复合型人才严重不足，很少参加国际性的大型会展或大型采购活动，只有外商对佛山陶瓷产品压价收购，行业内少沟通、自律弱，不但使外商有机可乘，还带来反倾销隐患。

总之，佛山陶瓷若要继续发展，继续壮大，就必须解放思想，改革创新，加强管理，大力引进高素质人才与核心技术。

（四）佛山陶瓷技术创新扩散、区域品牌建设与陶瓷产业集群协同发展的经验分析

1. 政府重视技术创新扩散、区域品牌建设与陶瓷产业集群协同发展，推动产业转型与升级

广东省委、省政府要求佛山作为珠江西岸先进装备制造产业带龙

头，抢抓机遇，迅速行动，启动万亿规模先进装备制造业产业基地建设。积极落实省技术改造扶持政策，2014 年设立市优质技改创新项目贷款风险补偿基金，完成工业技术改造投资 278.56 亿元，增长 23.7%；佛山市获批国家知识产权示范城市、国家知识产权服务业集聚发展试验区、全国陶瓷产业知名品牌创建示范区，南海区获批全省金融科技产业融合创新综合试验区，顺德区获批国家知识产权试点城市；公共创新平台建设加快，顺德中山大学卡内基梅隆大学国际联合研究院、南海广工大数控装备协同创新研究院启用，三水合肥工业大学研究院挂牌成立，佛山中科院产业技术研究院新材料产业园投入使用；新增国家认定企业技术中心 3 家、国家级科技企业孵化器 4 家；国家高新技术企业 73 家，总数达 618 家；中国驰名商标 6 个，总数达 124 个；集体商标 4 件，总数达 21 件；广东省名牌产品 187 个，总数达 399 个；百万人口发明专利申请量 995 件，增长 55.2%；新增省级、市级创新团队 13 个，省级、市级工程中心 96 家，引进国家“千人计划”专家 23 人，设立院士工作室 29 个[①]。没有政府的重视与积极推动，佛山就不可能取得这样的成绩。

2. 企业重视技术创新扩散、品牌建设与陶瓷产业集群的协同发展

（1）经过改革开放后 40 年来的发展，佛山市陶瓷产业围绕生产企业形成了一个较完善的产业集群，包括研发、制造、营销、相关配套产业等环节的建筑卫生陶瓷产业链（见图 6－1）。

（2）建立环境友好型的总部经济式的产业集群。随着环境保护压力越来越大，佛山陶瓷企业中的大部分企业将面临搬迁和关停，现有的产业链势必发生变化。虽然大量企业外迁，但其仅搬迁生产环节，企业总部和销售中心等仍留在佛山。根据产业集群优势分析，集群里

① 2015 年佛山市政府工作报告［EB/OL］. http：//www. gkstk. com/article/1423721409439. html.

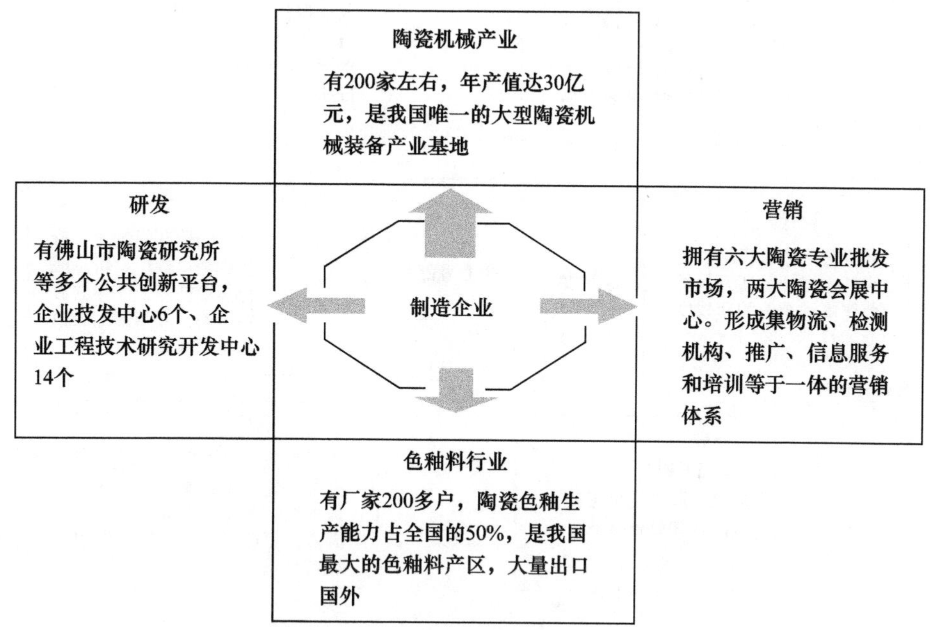

图6－1 佛山陶瓷产业集群的产业链

资料来源：沈静，魏成．环境管制影响下的佛山市陶瓷产业集群发展模式研究［J］．热带地理，2011（3）：304－310.

大量相关企业、公共服务机构和客户的存在，产生降低交易成本、获取产业信息和促进创新等效应，这也形成对区域外企业总部的吸引力，所以这一产业链向以企业总部为中心的产业链发展改变，逐步形成从陶瓷产业设计—研发—决策—高端制造—营销—配套服务—陶瓷文化和旅游—相关配套产业的新产业链（见图6－2），促进整个产业集群的升级。

随着大量陶瓷生产企业的外迁，开始出现产业内的分工，如陶瓷生产中有污染的坯料制造、坯体成型、瓷器烧结等环节搬迁到佛山周边的肇庆、清远等地，生产末端污染小的抛光环节仍留在佛山，这主要与原有的产业基础、配套服务和销售网络有关。

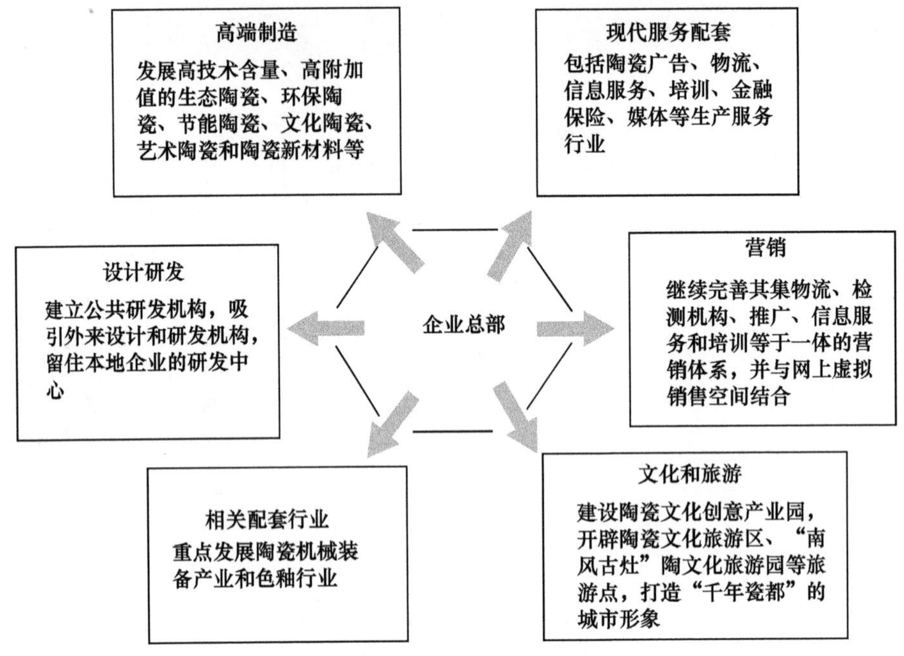

图 6－2 环境友好型、总部经济式的佛山陶瓷产业集群的产业链

资料来源：沈静，魏成．环境管制影响下的佛山市陶瓷产业集群发展模式研究［J］．热带地理，2011（3）：304－310.

佛山陶瓷产业的总部经济发展一方面留住本地陶瓷企业的总部，另一方面吸引国内外陶瓷企业在佛山建立决策、营销、服务和研发设计中心。2008 年 10 月，由中国建筑卫生陶瓷协会正式命名的中国陶瓷产业总部基地在佛山市禅城区运营，现已有来自全国和世界 50 多个知名陶瓷品牌的企业进驻，包括 RAK（哈伊马角）、东鹏、博德、格仕陶、芒果、赛德斯邦等国内外数十个知名建陶品牌，企业除来自佛山本土之外，还有广东、华东、福建、山东、河北以及国外的意大利、瑞士、希腊、日本等地。

3. 加大科技投入，打造知名品牌，从生产端掀起绿色和智能化改造，寻求逆势突围与突破

早在 2004 年，佛山陶瓷企业广东蒙娜丽莎新型材料集团有限公司

（以下简称蒙娜丽莎陶瓷）就开始尝试借助科技力量推进企业转型并在蒙娜丽莎陶瓷2015年度科技工作会议上公布其转型成果：蒙娜丽莎陶瓷2015年销售利润实现正增长，销售利润率远高于建筑工业企业的平均水平。根据广东价格指数平台公布的数据显示，2015年11月，佛山陶瓷价格总指数下滑至94.97点，环比跌1.75%，同比跌3.13%，佛山陶瓷价格指数跌至三年来最低[①]。蒙娜丽莎陶瓷转型成果是基于早在2004年广东省工程技术研发中心和企业技术中心落户蒙娜丽莎。2009～2011年，蒙娜丽莎在产品研发上投入高达2亿元的资金，是过去几年的数倍。该公司已拥有72项专利发明、9项实用新型专利、459项外观设计专利[②]。不仅如此，在2011年与2013年，蒙娜丽莎又先后成立了院士工作站与博士后科研工作站，引进的各个平台对企业绿色生产、新品以及技术研发等方面起到了重要作用。而2015年7月，广东东鹏控股股份有限公司（以下简称东鹏控股）发布了《中国建陶工业2025战略》，东鹏控股将在“中国建陶工业2025战略”的第一阶段，直接定向投入1.5亿元，推进创建国际研发中心、建设绿色工厂、打造智能工厂、创建行业中央数据库、制定行业“两化”（工业化与信息化）融合标准。正如中国工程院院士徐德龙所说，建陶行业靠量产的粗放型发展已经成为过去，品牌、质量、技术、效率才是企业的未来。

4. 加强产学研战略合作是佛山陶瓷成功的关键

研究表明，佛山陶瓷产业集群并未局限在佛山市这一区域，而积极地寻求与全国各地的研究机构和高校进行技术合作，使得集群知识不断更新，克服了集群学习的锁定效应。集群中的大企业与高校和科研机构都建立了紧密的合作关系，其创新能力比其他中小型陶瓷企业要强，创新的成果也要多些。而中小陶瓷企业与大学和科研机构的连

① 佛山陶企“御寒有术” 绿色智能逆势突围［N］. 南方日报，2016-01-26.

② 陈红霞. 高精尖陶瓷空缺 行业结构调整任重道远［N］. 第一财经日报，2011-09-15.

接要显得相对少些，即使有一些合作关系，其持续的时间也往往较短。这些中小陶瓷企业一般是出于短期利益的考虑，从高校和科研机构购买相应的技术或专利，或者开展短期的项目合作，彼此之间尚未形成紧密的合作关系，这与企业高层创新意识淡薄有关（李海东，2010）。

5. 佛山陶瓷走出一条技术引进—消化吸收—技术和产品创新—创国内名牌—打造国际品牌的产业集群发展之路

到21世纪，陶瓷业竞争进一步加剧，生产成本急剧飙升，单纯生产制造环节的企业利润急剧下跌，佛山陶瓷企业开始走出国门，打入国际市场，但是依靠的是他国的销售网络，利润极低。为了打破这种局面，需要新的营销措施，2007年由佛山的中国陶瓷城、罗布·亨利所在的美国 Robettf Henry 陶瓷公司、美国宝顺颐国际公司三方联袂打造的中美陶瓷协会宣告正式成立，并于同年7月正式在美国注册，总部设在美国，中国陶瓷城是它唯一的驻华办事处。中美陶瓷协会将作为固定的中美陶瓷贸易联合机构，向中国企业提供美国当地的市场信息和贸易机会，协助中国陶瓷企业办理进入美国的认证以及国内建筑陶瓷产业打通美国商贸渠道，扭转在美销售劣势，美国的经销商和采购商也通过协会了解、获取中国陶瓷的产品资讯和品牌情报，为中国的陶瓷产品在寻求国际贸易发展合作的道路上开辟出一条无国界的特色通道。作为中国陶瓷品牌相对集中、资讯相对完整的专业商贸城，中国陶瓷城集展示、推广、贸易于一身，为了促进中美之间的陶瓷贸易更好的发展，经过一年多的酝酿，经过与美国瓷砖协会的协商合作，中国陶瓷城集中所有的精华产品，针对美国市场的需求特色而精心铺设、量身定做促成了美国采购节的举办以及中美陶瓷协会的成立。已经有9家美国知名企业的经销商加入了这个协会。此后，作为固定的中美陶瓷贸易联合机构，中美贸易协会将长期为两国间的贸易合作提供最便捷的合作通道。通过走出国门，和世界著名陶瓷企业的合作将会促使国内企业走向世界著名品牌。和国外陶瓷经销商合作，是利用其完善的陶瓷销售渠道网络，合作双方较平等。为了更好地打入欧美等国际主流市场，佛山陶瓷产业集群作为一个区域品牌还和欧洲的世界顶级陶瓷研究机构合作，研发适用欧洲市场的陶瓷技术和产品，佛山陶瓷产业集群和欧洲顶级研发机构的合作，是基于技术和设计的紧密互动，使佛山陶瓷产业集群嵌入全球价值链，该模式能迅速提高促进佛山陶瓷产业集群的品牌升级，拓展营销渠道，对研发设计新产品，迈向国际化提供动力基础，提高国际影响力。

三、淄博陶瓷的技术创新扩散、品牌建设与陶瓷产业集群协同发展的案例分析

（一）淄博陶瓷的发展概况分析

淄博是位于山东中部的新兴工业城市，是古齐国的都城，是驰名世界的瓷都之一。这里生产的琉璃品和陶瓷制品不仅享誉国内外，而且有着悠久的历史传统。

从发掘的北辛文化遗址看，早在公元前5100年，山东就有了制陶业，淄川陶瓷就已成为我国北方青瓷的重要产区。到公元前4000年大汶口文化时期，山东的制陶技艺已达较高水平。从出土的大汶口彩陶看，能塑造鬶、鼎、觚、豆、钵、罐、盘、背壶等多种器形，能用土红、赭石、白垩土、炭黑等颜色在陶器上用直线、斜线、弧线精细地勾绘出各种规矩整齐的几何形纹、花瓣纹、八角星纹等图案。可以说，大汶口文化时期，这里已成为山东制陶的良好开端。而稍后的龙山文化时期（公元前2600～前2000年），山东制陶业已可以生产黑色磨光、薄如蛋壳的黑陶，表明山东的制陶技艺已达到了相当高的水平。

新中国成立后，淄博美术陶瓷在我国传统陶瓷艺术的基础上，不

断创新，逐渐形成了造型古朴、装饰新颖、色彩绚丽的独特风格。在釉色的研究方面，成就尤为可观，不仅恢复了早已失传的雨点釉、茶叶米釉和云霞釉，还创造了新的红金晶釉、鸡血红釉、金星釉和几十种黑釉系窑变花釉。

（二）淄博陶瓷的优势分析

系统分析淄博陶瓷产业发展的优势，主要包括如下六个方面：

1. 形成一定的规模

淄博淄川是全国建筑陶瓷重要产区，生产瓷砖产量居广东佛山之后，位列全国第二。截至 2013 年，淄川区共拥有各类陶瓷生产企业达 200 余家，生产线有 400 多条，从业人员近 10 万人，年销售收入 300 多亿元，而且淄博是科技部批准建设的国家火炬计划淄博先进陶瓷产业基地，淄博市拥有先进陶瓷材料生产企业 80 余家，从业人员 2 万余人，2012 年实现工业总产值达 604964 万元，总收入为 598023 万元，工业增加值为 169274 万元，上交税额为 40089 万元，净利润为 33798 万元，是淄博高新技术产业中的重要领域之一。先进陶瓷产业创新联盟中的 18 家企业涉及粉体制备、技术支撑、产品制造等领域，拥有国家级工程技术研究中心 1 家，省级工程技术研究中心 2 家，院士工作站 2 家，高新技术企业 6 家。

2. 有一定的研发与人才优势

新中国成立后，全国第一条日用陶瓷隧道窑、第一条链式烘干机都诞生在淄博。淄博淄川是日用陶瓷技术研发生产的重要基地，高石英瓷、合成骨瓷、镁质强化瓷、钠长石质瓷等都是从这里研发成功并获国家创造发明奖和省级科技进步奖，从 20 世纪 80 年代初开始，淄博陶瓷进入北京中南海，紫光阁、人民大会堂的国家用瓷大都是从这里生产运往北京，成为驰名中外的陶瓷生产重要基地。淄博作为国内起步最早、产业规模较大的陶瓷生产基地之一，是科技部批准建设的国家火炬计划淄博先进陶瓷产业基地，在科研开发、工程转化、产品检测、信息资源，以及产业化规模等方面，在国内具有明显的优势，占据领先地位，在国际上也具有一定影响。拥有陶瓷粉体制备、陶瓷机械设备、先进陶瓷产品及应用、仓储贸易和展览等完整的产业链。伴随建陶产业的不断发展，逐步培养了一批与陶瓷产业息息相关的员工队伍，他们经验丰富，其中有部分因工作需要而走上了管理层岗位，为进一步推动淄博建陶产业的快速提升起到了一定的作用。在淄博产区，生存着一支数百人的贴牌商队伍，为淄博与佛山之间搭建起了一座信息快速沟通的桥梁，在一定程度上，淄博陶企通过贴牌生产，可以源源不断地将广东陶企的先进技术、管理理念、专业人才等引入到淄博，使淄博陶企不断发展壮大。

3. 具有一定的品牌优势

淄博陶瓷被国家授予淄博陶瓷当代国窑、中国陶瓷名城、中国新材料名都的称号，被誉为北方瓷都，瓷都也成为淄博的一张城市名片。淄川区拥有 2 个中国名牌产品、2 个中国驰名商标、10 个山东省名牌、7 个山东省著名商标。淄川建材城被国家有关部门授予全国诚信示范市场、中国名牌市场、中国最具影响力建材市场、中国十佳建材批发市场、中国五星级商品交易市场等荣誉称号。如今，随着淄博陶瓷知名度的快速提高，以全抛釉、内墙砖为代表的淄博建陶产品现已遍布全国多个省市。

4. 形成特色的产业集群

淄川陶瓷产业是最具有地方特色的产业之一。改革开放以来，在原淄博瓷厂和山东省硅酸盐研究设计院的带动下，淄川区民营陶瓷企业蓬勃发展，已形成涵盖日用陶瓷、工业陶瓷、建筑陶瓷、卫生陶瓷、艺术陶瓷、功能陶瓷等多领域的多个产品系列，陶瓷釉料、颜料制造、花纸印刷制造、包装材料制造、陶瓷机械制造等相关产业快速发展，陶瓷销售市场、陶瓷艺术文化市场空前繁荣的特色陶瓷产业集群。

2013 年上半年，淄博市淄川区陶瓷产业集群进入山东省中小企业办公室公布的第三批省级产业集群名单中，成为本批淄博市唯一成功入选的产业集群。

5. 具有一定的区位与物流优势

淄博是齐文化发源地，位于山东中部，区位优势独特，南连泰山，北临黄河，东临海滨旅游城市青岛、烟台和威海，西接泉城济南。淄博是沟通中原地区和山东半岛的咽喉要道，是山东省重要的交通枢纽城市，铁路贯通，公路纵横，境内胶济铁路，济（南）青（岛）、滨（州）博（山）莱（芜）高速公路等 15 条交通干线通往全国各地，距济南国际机场和青岛港分别为 70 千米、210 千米。青岛港作为淄博陶瓷出口的主要港口，大大方便了淄博陶瓷出口到世界各地。江北瓷都是淄博的 4 张城市名片之一，良好的区位和便捷的交通能够有效降低陶瓷原料采购及产品销售运输成本。在淄博建陶工业园及南定建陶工业园周边建设有鸿运物流园、良乡物流园、公铁物流园、天佳物流园等多个物流基地，数百家物流企业，使淄博成为立足全省、辐射全国、连通世界的建陶物流中心。这为淄博陶瓷提供了强大的物流业做支撑。同时，位于淄博建陶工业园区内的淄川建材城和中国财富陶瓷城，自身也形成了以批发配送、仓储中转、江海直达运输、公路快速运输、铁路运输和信息服务为一体的现代物流体系，大大方便了建陶产品的储存、运输①。

6. 具有一定的配套设施与平台优势

淄博是山东省重要的陶瓷、建材、化工、机电、物流中心。悠久的陶瓷生产历史，使得淄博地区陶瓷配套产业发展完善。特别是随着近年淄博建陶产业的不断发展壮大，逐步带动了淄博市建陶机械制造、煤气发生炉制造、零售、化工釉料等陶瓷相关行业的蓬勃发展。同时，

① 淄博发展建陶产业优劣势对比［EB/OL］. http：//www. ctaoci. com/html/2014 - 07 - 12/144951. html.

来自全国各地的建陶配件销售商、陶瓷技术服务公司等陶瓷相关产业纷纷在淄博市设立了销售网点，由此也带动了淄博当地建陶机械零部件零售业的发展。如今，淄博产区已经拥有中国财富陶瓷建材城、中国（淄博）陶瓷产业总部基地（2014 年 7 月 11 日一期一阶段开始交付使用）、淄川建材城等大型专业建材产品展示、销售平台和几大物流园等一批服务业项目。1990 年至今，淄博市已举办了 13 届中国（淄博）国际陶瓷博览会，对宣传淄博、提高淄博的知名度，促进当地陶瓷工业及相关行业的发展起了很大作用，为淄博建陶在国内知名度逐渐扩大起到了积极的推动作用。2009 年 9 月 6 日，中国陶瓷工业协会授予淄博市“淄博陶瓷当代国窑”牌匾，标志着“淄博陶瓷当代国窑”地域品牌全面叫响，并进入引领产业发展的实质阶段。

（三）淄博陶瓷的劣势分析

1. 原材料匮乏

初期，淄博建陶紧紧依靠本地煤、石灰石、铝矾土、石英砂、砂岩、煤矸石、陶瓷黏土、水、电、燃气等资源以及周边地区资源，如章丘土、邹平瓷石、罗村土、莱阳土、透辉石等资源优势，在一定程度上大大推动了淄博建陶的发展。但上述资源多为不可再生资源，在经过多年的无限制开采后，淄博产区当地资源日益枯竭，原料必须依靠从外地购进，从而大大增加了建陶企业的生产成本，在一定程度上制约着建陶企业的发展。

2. 用工成本抬高

近年来，随着其他行业用工条件越来越优越，越来越多的员工不愿从事建陶生产，特别是工作环境较恶劣的生产岗位，当地年轻人更不喜欢从事一线生产。当前多数建陶生产企业的一线员工多为 40 ~ 50 岁的群体。另外，随着各地建陶产区的不断兴起，更多的外地员工不愿外出打工，从而也增加了企业招工难度。为保障企业能够正常运转，每年年初招工之际，各企业都会不断提高用工薪资或福利待遇来吸引员工。在产品利润空间不大的企业，仅每年递增的工资待遇就是一笔不小的费用。

3. 商业模式创新不足

在淄博产区，短期内还无法形成品牌、产品、技术、信息、交易的集中交流。淄博产区缺乏一批具有相对号召力的领军品牌，品牌是企业的灵魂，企业需要通过不断打造品牌，才能吸引专业型、复合型人才；同时，现代化陶瓷产业集群需要摆脱以传统制造为核心，摆脱“为生产而生产”的传统思路，逐步走上以品牌营销、创新发展以及商业模式转型为中心的发展道路。另外，资金链环节薄弱、缺乏核心团队等问题同样会困扰或制约着部分陶瓷企业的向前健康发展。

（四）淄博陶瓷的技术创新扩散、区域品牌建设与陶瓷产业集群协同发展的经验分析

1. 政府重视陶瓷技术创新扩散、品牌建设与产业集群协同发展

（1）加快对落后产能的淘汰转型速度。2009 年以来经过几年的政策杠杆调整和市场自然淘汰，建陶行业首当其冲，成为淄博市政府重点调整对象。截至 2012 年底，淄博建陶生产企业已经从 2010 年第一季度末的 243 家减少到 159 家，507 条生产线缩减至 323 条生产线，产量也从最高峰的 12 亿平方米缩减到 7 亿平方米。淄博建陶行业新一轮的整改效果开始凸显，出现了一批研发创新能力强、品牌知名度和企业规模相对较高的企业。

（2）推动企业兼并重组。淄博市政府已经表明了态度，明确指出：“扎实推动建陶行业企业兼并重组，提升行业企业规模。”淄博市政府对建陶产业的规划中明确提出，要拿出政策、拿出资金鼓励和支持建陶产业的发展和壮大，同时要关停淘汰一批规模小、能耗高、污染重、对社会贡献小的低端产能和落后设备，通过整顿和引导将淄博

建陶打造成国内建陶行业的高端品牌，“未来淄博市政府将重点支持30家左右的建陶企业不断发展壮大”①。

2. 积极搭建协同发展的平台

（1）创建中国财富陶瓷城。2002年淄博成立中国财富陶瓷城，其使命是为整个建材行业提供一个集信息、交流和展示的平台，最终的目的是带动淄博陶瓷产业的发展。为此，中国财富陶瓷城每年举办一届陶博会，不仅让其成为集陶瓷产业链展示、交易和信息共享的平台，同时也让其拥有陶瓷的原料、机械等配套企业。通过这个平台把淄博当地的陶瓷，还有陶瓷的原料机械及整个产业链提升到一个更高的平台。

（2）创建并持续中国（淄博）陶瓷代理/经销商峰会。自2005年创办以来，已经成功举办了十一届。经过多年发展，峰会已经发展成为集产品展示、信息交流、经贸洽谈、陶瓷文化展示为一体的盛大展会，成为淄博陶瓷的行业名片。如今，随着峰会吸引的企业和商家不断增多，创造的经济效益不断加大，中国（淄博）陶瓷代理/经销商峰会现与佛山陶博会一起成为中国陶瓷行业的两大盛会之一，堪称北方陶瓷最重要的行业展会。中国财富陶瓷城作为展会的举办单位经过不断努力，使得每年峰会在中国建陶行业影响不断加大。与此同时，中国财富陶瓷城也借助峰会不断发展壮大。10多年来，商城先后开发一期、二期、三期精品工程，共计建设瓷砖、卫浴、陶机原料展厅36万平方米，建设仓库16万平方米，现已发展成为中国北方最大的品牌陶瓷企业营销中心。2013年开工建设的五期项目——高端精品陶瓷展示区投入使用，五期展示区招商率超过100%，近40个陶瓷品牌陆续入驻②。中国财富陶瓷城北方品牌陶瓷企业营销总部基地发挥产业平台

① 淄博市政府将重点支持30家左右的建陶企业［EB/OL］. http：//news. dichan. sina. com. cn/2014/10/28/1249093. html.

② 中国财富陶瓷城借峰会良机　打造淄博陶瓷行业名片［EB/OL］. http：//www. ceramic - info. com/shownews. asp？ id = 18474.

优势，起到龙头项目带动作用，进一步整合、汇集建陶产业上下游资源，带动陶瓷产业与品牌的集聚发展，对中国北部陶瓷产业发展的格局将产生重大的影响，为淄博陶瓷现代化的发展注入活力，必将有利于推动淄博陶瓷向高端化方向迈进。

（3）成立淄博市先进陶瓷产业技术创新战略联盟。2014 年 5 月成立，以建立技术创新联盟的形式，强化产业技术创新链整体竞争力，中游产品研发制造带动、延伸两头，逐步完善淄博市先进陶瓷产业创新链条，建成国际知名的先进陶瓷创新中心和重要的制造基地。

（4）成立淄博市高端新型建筑陶瓷产业技术创新联盟。2015 年 12 月 24 日，根据淄博市政府提出的加快传统产业调结构、转方式，提质增效的发展精神的统一部署，由淄博市经济和信息化委员会、淄博市建材冶金行业协会牵头组织，得到淄博金狮王陶瓷有限公司、狮王陶瓷有限公司、淄博新博陶瓷有限公司、淄博赛纳工业陶瓷有限公司、淄博华瑞诺陶瓷有限公司、淄博天创陶瓷有限公司、山东德惠来装饰瓷板、淄博大华陶瓷有限公司、淄博新空间陶瓷有限公司、淄博大业陶瓷有限公司、淄博唯能陶瓷有限公司为代表的 11 家企业的积极响应，成立了淄博市高端新型建筑陶瓷产业技术创新联盟，这为淄博建陶骨干企业之间搭起了合作创新平台，建立合作交流渠道，抱团发展、合作共赢，优化提升淄博建陶行业，为建陶行业的整体发展起到引领和带动作用，为行业的健康发展注入新的活力①。创新联盟的成立将有利于打造淄博陶瓷自己的品牌，成为淄博陶瓷产业集群发展的强大助推器。

3. 加速创新研发进程，助推淄博陶瓷产业升级

随着建陶行业的向前发展，产品研发生产环节将成为陶企的发展命脉，不断创新则是推动企业持续向前发展的动力之一，同时也是陶

① 张新生．淄博市高端新型建筑陶瓷产业技术创新联盟成立［EB/OL］．陶瓷信息，http://www.ceramic-info.com/shownews.asp?ch=290&BM=6788&id=19932.

企不断提升核心竞争力的有力保障。

（1）成功攻克中国陶瓷连续式球磨技术难点。自 2014 年 9 月淄博唯能陶瓷有限公司首创第一套陶瓷连续式球磨机组设备在唯能陶瓷工厂上线以来，历经 7 个月的使用验证，已趋于成熟，该套连续球磨系统能实现自动喂料、自动出降、自动出粉，与传统的间歇球磨机相比，一组连续式球磨机组每年可为陶企节省综合费用近千万元，还具有省电、省人工、省空间等几大优势。2015 年 5 月，唯能陶瓷与广东一鼎科技强强联合成立鼎汇能科技有限公司，并在 2015 年广州陶瓷工业展期间大力推广，赢得国内外陶企及行业人士的关注，此后不断有陶企从各地奔赴淄博走进唯能陶瓷进行实地参观考察。

（2）牵头制定陶瓷喷墨墨水行业标准。2012 年 11 月，山东汇龙色釉新材料科技有限公司（以下简称汇龙科技）推出陶瓷喷墨墨水，成为长江以北地区第一家推出陶瓷喷墨墨水的生产厂家，如今其墨水已占领了北方多个建陶产区。2015 年 5 月，由汇龙科技牵头制定陶瓷喷墨墨水行业标准在山东淄博举行，得到了国内多家墨水生产厂家及使用客户的积极响应与支持，该项目已进入全国建筑卫生陶瓷标准化委员会的立项审批程序。

（3）完成建筑陶瓷干法制粉技术与关键装备的研发。2015 年 5 月 23 日，中国建材联合会在淄博市组织召开了由山东义科节能科技有限公司完成的建筑陶瓷干法制粉技术与关键装备的研发成果鉴定会，鉴定委员会最终作出"整体技术居国际先进水平"的鉴定意见，标志着干法制粉工艺系统顺利通过国家级科技成果鉴定。

（4）陶瓷产品升级加速，创新研发成为有力保障。在淄博，陶瓷生产厂家创新研发的步伐一直在加速。例如，淄博智联陶瓷有限公司继 2014 年率先推出超晶石，轩鹏企业又于 2015 年 5 月推出了 600 毫米×600 毫米大规格原边仿古砖。继 2014 年推出的 300 毫米×600 毫米规格全自动内墙砖包装线后，淄博瑞邦自动化设备有限公司继续加大创新研发力度，先后推出了适用于400毫米×800毫米规格内墙砖及适用于地板条（或腰线）的两款全自动包装线，深受用户赞誉。当前淄博有多家陶企加大创新研发力度，正进军个性化、高附加值产品的研发生产，成为打造淄博优势产品的先行者。

（5）创新合作，助推产业升级。近年来，淄博赛纳新材料科技有限公司（以下简称赛纳科技）一直秉承“专注高品质球石制造，精细化研磨系统开发”理念，不断与国际先进技术团队合作，大胆创新生产技术，致力于产品的创新研发，在高铝球磨耗控方面不断取得突破，并努力打造氧化铝陶瓷制品领域的高端品牌，产品质量已达到国际领先水平①。总之，从喷墨墨水到干法制粉，从纯平釉再到超平釉以及2015年推出的连续球磨和金刚釉等，无不彰显着淄博陶企研发团队的创新实力以及核心技术的强势。

4. 打造淄博陶瓷产业创新链

按照“孵化器+加速器”模式，依托国家工业陶瓷工程技术研究中心、中材高新材料股份有限公司，通过合作方式联合武汉理工大学、武汉科技大学、景德镇陶瓷学院等共同建设了集研发、孵化、产业化示范、人才培育与科技交流、科技成果展示、公共技术与信息服务、科技创新创业服务于一体的公益性、专业化创新产业园区——淄博高新区先进陶瓷产业创新园，以打造国际知名的先进陶瓷创新中心和重要的制造基地为目标、以先进陶瓷产业创新链建设为抓手、以产业技术创新链的协同创新为驱动，充分发挥国家工业陶瓷工程技术研究中心与武汉理工大学淄博先进陶瓷研究院技术支撑作用和先进陶瓷创新园的服务功能，强化中材高新、硅元科技等龙头企业的辐射引领作用，重点发展面向新能源、节能环保、电子信息，大力发展高技术陶瓷，做大做强结构陶瓷，兼顾发展功能陶瓷，跟进发展陶瓷粉体制备技术

---

① 张新生．创新研发进程提速，助推淄博陶瓷产业升级［J］．陶瓷信息，2015淄博论坛特刊T09.

和装备，构建基本完善的产业创新链。逐步形成专业特色鲜明、功能布局合理、同类资源集中的“五中心一平台一体系”功能格局规划建设。同时，研发中心还具备先进陶瓷领域的开放型研发、孵化和产业化功能，拥有国内一流的性能测试、评价和标准化服务功能，国内最大的先进陶瓷情报信息服务系统。

四、综合比较分析

（一）景德镇、佛山与淄博技术创新扩散、品牌建设与陶瓷产业集群协同发展的共性分析

归纳、总结与分析景德镇、佛山与淄博技术创新扩散、品牌建设与陶瓷产业集群协同发展的共同点，主要体现在以下六个方面。

1. 资源日益枯竭造成陶瓷原材料短缺

陶瓷产业是典型的资源消耗型产业。无论是景德镇、佛山，还是淄博，陶瓷产业都经历了几千年的发展，尤其是近几十年来陶瓷产业的快速发展，对资源的消耗日益严重，更加重了原料的短缺。景德镇的高岭土、佛山与淄博的原料都要从外地买进，无疑加重了陶瓷产业的生产成本。这也提醒他们再仅仅依靠资源消耗、粗放型的增长方式已无出路，必须依靠技术创新扩散与品牌创建，走集约化的产业集群发展之路。

2. 都具有悠久的历史，逐步形成了陶瓷品牌与知名度

景德镇陶瓷产业集群萌芽于汉代，形成于宋朝，历时 1700 余年；佛山陶瓷具有 5000 多年的历史；淄博陶瓷更是具有 7000 多年的历史。历史的积淀、陶瓷文化的传承、代代艺人的继承与创新造就了景德镇陶瓷、佛山陶瓷及淄博陶瓷的区域品牌、企业名牌与产业知名度，为中国瓷器闻名世界注入了无法磨灭的地方特色标志。

3. 政府都非常重视陶瓷产业的发展

各地政府从陶瓷产业规划、法律法律制定、创新政策扶持、高端人才引进、研发资金支持、发展资金资助、平台基地建设、配套服务设施支撑等方面予以大力支持，做到“政府搭台、企业唱戏、铸造品牌、集聚产业”，为各地陶瓷产业集群健康、快速与可持续发展营造了良好的发展环境。

4. 创新驱动陶瓷产业发展成为共识

中央政府创新驱动发展战略的引导、地方政府创新政策的推动、企业创新战略的积极贯彻落实、大学与科研机构科研成果的积极扩散、金融机构与中介机构的适时介入，各方齐心协力、众志成城，共同汇入创新驱动陶瓷产业集群发展的洪流，打造创新平台、创新基地与人才基地，构建陶瓷产业产学研技术创新联盟，提升陶瓷产业自主创新能力，增强发展的原动力。

5. 开始重视陶瓷产业集群发展战略

景德镇、佛山与淄博都开始根据自身发展的阶段、特点与条件，制定当地的陶瓷产业集群发展战略，明确未来的发展目标、实施途径与措保障施。重点提出陶瓷技术创新战略、知识产权战略与人才发展战略，支撑未来陶瓷产业集群的升级、聚变与升华，鼓励陶瓷企业走出去，打造世界知名陶瓷品牌与陶瓷产业集群品牌。

6. 交通、物流等配套服务设施较为齐全

景德镇、佛山与淄博根据各自区域优势，建设配套的高速公路、铁路及出海通道，围绕陶瓷机械、陶瓷原材料、陶瓷配件、陶瓷包装、耐火材料、模具等领域，加强国内知名科研院所合作，吸引陶瓷产业专业媒体、广告公司、物流公司、专业市场、行业会展、中介组织等相关配套企业到陶瓷产业集群区域，积极搭建产品展示服务平台、销售平台和物流园等，形成了强大的产业配套体系和能力。

（二）景德镇、佛山与淄博技术创新扩散、品牌建设与陶瓷产业集群协同发展的差异性分析

景德镇、佛山与淄博技术创新扩散、品牌建设与陶瓷产业集群协同发展的观念、经营方式、创新活动、发展阶段、政府与市场存在一些差异，主要体现在以下五个方面。

1. 观念上差异

景德镇陶瓷产业结构以中小型陶瓷企业、陶瓷家庭作坊为主，资源短缺、创新发展、市场公平竞争、集约化经营、品牌建设、知识产权保护等意识较为淡薄。相比而言，佛山陶瓷企业市场意识强，重视技术创新与品牌建设，加强知识产权保护，已开始迈入陶瓷产业总部基地式的产业集群发展阶段，搭建高水平研发基地、高档次展示平台，陶瓷产业集约化、协同发展。淄博陶瓷的市场竞争、创新精神、知识产权保护及产品出口等方面意识则领先于景德镇，但稍落后于佛山。

2. 经营方式上的差异

景德镇陶瓷产品的市场运营基本上还以一家一户为经营单位，经营规模小，经营分散，组织化程度和效率低下。佛山陶瓷企业大多建立股份制的现代企业，产权较明晰，多以品牌经营为主，有些企业依靠自己的品牌，把具体生产委托给其他地方的企业，组织化程度高，效率高，效益好。淄博陶瓷企业整体上稍逊于佛山陶瓷企业，有的企业产品就是靠佛山陶瓷的品牌而生存，但领先于景德镇陶瓷企业。

3. 创新活动上的差异

景德镇陶瓷的创新大多依赖当地研究机构，与国内外知名大学或科研机构的合作较少，合作程度较低。佛山陶瓷与淄博陶瓷创新主动性较强，不仅与本地的大学与科研机构合作，还与国内外知名大学或科研机构、企业开展合作，合作程度较高，合作效果较好。尤其是佛山陶瓷已经走出一条技术引进—消化吸收—技术和产品创新—创国内名牌—打造国际品牌的产业集群协同发展之路。佛山陶瓷的商业模式创新上领先于景德镇陶瓷与淄博陶瓷。

4. 品牌建设与陶瓷产业集群发展阶段的差异

景德镇陶瓷产业集群处于发展的初级阶段，发展规模较小、品牌知名度与效益有待提高。佛山陶瓷产业集群已经进入快速发展的总部基地阶段，逐步形成从陶瓷产业设计—研发—决策—高端制造—营销—配套服务—陶瓷文化和旅游一系列相关配套产业的新的产业链，区域品牌与企业品牌已经形成。淄博陶瓷产业集群则稍逊于佛山陶瓷产业集群。

5. 政府与市场作用上的差异

政府在景德镇陶瓷发展过程中的作用明显大于淄博陶瓷与佛山陶瓷，具体表现在陶瓷产业发展规划、科技政策、资金政策及人才政策等方面。相反，市场在景德镇陶瓷发展过程中的作用明显小于淄博陶瓷与佛山陶瓷。因为佛山地处广东，市场经济较发达，配套法律法规较完善，能由市场做的，佛山市政府就较少干预。

第七章　结论、对策与未来展望

本章在前文研究的基础上，归纳、总结、提炼出技术创新扩散、品牌建设与陶瓷产业集群协同发展的主要结论、对策，并对未来发展进行展望。

一、结论

第一，技术创新扩散是从创新者提出创意、创新研发、创新成果转移等各个阶段扩散到技术创新接受者，并影响和提升接受者创新能力与水平的动态过程。技术创新扩散具有S形曲线效应、后发效应、溢出效应、集聚效应、复杂性。技术创新扩散的内部动力因素主要包括企业、企业家素质、组织结构、人力资源状况、企业文化及组织学习能力和企业的经营发展状况等方面。技术创新扩散的外部环境动力因素主要表现在地理环境、市场环境、政策环境、信息服务环境及社会服务环境等方面。内外部动力的共同作用决定了技术创新扩散的内在机制。

第二，品牌建设是品牌相关主体根据自身的核心理念与价值，沿着价值链，不断从多角度、多层次、多领域来培育核心竞争力、创造核心价值和提升持久影响力的动态创新过程。品牌建设具有生命周期、品牌价值增值效应、集聚效应与反馈效应。品牌建设是一项复杂的系统工程，在通盘考虑政策、市场与竞争对手的基础上，要综合设计、统筹谋划，实现设计、研发、生产、营销、售后服务等环节的相互协同，形成合力。因此，品牌建设的动力包括外部动力与内部动力。品牌建设的外部动力主要包括市场环境、政策、竞争对手及社会服务支撑系统等；内部动力包括企业家精神、企业文化、技术、内部管理机制等方面。内外部动力的共同作用决定了品牌建设的内在机制。

第三，产业集群是指在特定区域中，具有竞争与合作关系，且在地理上集中，有交互关联性的企业、专业化供应商、服务供应商、金融机构、相关产业的厂商及其他相关机构等组成的群体。不同产业集群的纵深程度和复杂性相异，代表着介于市场和等级制之间的一种新的空间经济组织形式。产业集群的基本规律的内在动力来自相关企业的分工协作，可以节约空间交易成本，通过学习与创新效应，最终能够提升竞争力。分析产业集群的动力机制不仅要从生命周期、动态演化的角度，还需要从系统分析等更广阔的视角来探讨产业集群的内在演化机理，这样才能更好地促进产业集群的快速、高效、可持续发展。

第四，技术创新扩散、品牌建设与产业集群协同发展的机理研究表明：首先，技术创新扩散与品牌建设之间是相互促进、相辅相成的动态关系。技术创新扩散是技术创新最终得以实现的关键环节，是为品牌建设服务、是品牌建设的根本和核心，而品牌建设又能推动技术创新扩散，是技术创新扩散的助推剂。其次，技术创新扩散与产业集群之间相互影响、相互作用。技术创新扩散加速产业集群的形成与发展：技术创新是产业集群形成的一个重要因素；技术创新为产业集群的发展提供源源不断的动力；技术创新是产业集群提高竞争力的保证。产业集群为技术创新扩散创造了很好的条件平台：产业集群是技术创新的有效载体；产业集群也是技术创新的一种有效组织形式；产业集群内存在有力的技术创新机制与浓厚的创新氛围。产业集群与技术创新扩散之间相互促进：产业集群加速技术创新；产业集群内中小企业的创新活力会加强对技术创新的适应性；产业集群往往有专业市场相配套，发达的专业市场能加速技术扩散；产业集群内完善的交易网络、技术网络、社会网络，给集群内企业进行非正式交流提供了平台，会迅速扩散集群内技术创新的结果。再次，品牌建设与产业集群相互作用、相互影响。品牌建设是产业集群内企业形象和产品声誉的集中体现，是企业或区域提供产品或服务的综合文化理念体现，品牌建设对产业集群持续健康发展起着促进作用，而企业或产业集群的发展有利于品牌的创建和后期维护。最后，技术创新扩散、品牌建设与产业集群三者之间存在协同发展的内在机理。从创新链的角度看，技术创新扩散、品牌建设及产业集群可以看成是完整的创新链，它们相互作用、相互影响，呈现螺旋式上升的趋势，技术创新扩散、品牌建设及产业集群越来越形成动态的、良性互动的创新格局，推动创新与产业科学发展；从价值链的角度看，技术创新扩散处于价值链的起始端，经过品牌建设及产业集群无疑会提升价值，逐步向价值链高端转移。技术创新扩散、品牌建设及产业集群一旦形成相互作用的良性互动机制，就会共同作用，催生新的创新生态体系，促进产业经济与区域经济持续、协调、健康发展。

第五，建立技术创新扩散、品牌建设与产业集群协同发展模型。在分析影响技术创新扩散、品牌建设与产业集群协同发展的知识中心、企业家和创业者、核心产业、地方政府、环境等关键因素的基础上，分别提出并建立技术创新扩散、品牌建设与产业集群协同发展的系统分析模型、生产函数模型及增长模型。其中系统分析模型体现了技术创新扩散、品牌建设与产业集群的相互作用关系，就是在产业集群发展过程中，技术创新扩散、品牌建设与产业集群相互作用、相互影响的非线性关系的总和；生产函数模型表明决定产业集群系统发展水平的主要因素是投入的劳动力数、固定资产和综合技术水平（包括技术创新扩散、先进技术引进、经营管理水平、劳动力素质及品牌建设等）；人均增长模型 $y^* = [s/(\delta + n - \alpha - \beta)]^{(\theta/(1-\theta))}$ 表明，人均产出 y^* 均会随着技术创新扩散的无形资产 α 以及品牌无形资产 β 的增加而增加，它们和技术创新扩散及区域品牌之间存在着正相关的关系。

第六，归纳、总结了六种技术创新的扩散、品牌建设与产业集群协同发展模式，主要包括：①政府主导型技术创新扩散、品牌建设与产业集群协同发展模式，主要适用于近年飞速发展的高新技术产业。②大学主导型技术创新扩散、品牌建设与产业集群协同发展模式，主要适用于自身创新能力较弱的新兴科技企业。③企业主导型技术创新扩散、品牌建设与产业集群协同发展模式，主要是指在企业集团内部之间扩散，或通过纵向一体化的直接扩散，或横向一体化的技术联盟等战略。④科研机构主导型技术创新扩散、品牌建设与产业集群协同发展模式，主要适用于有一定创新能力的科技型企业。⑤市场主导型技术创新扩散、品牌建设与产业集群协同发展模式，主要适用于传统中小企业。⑥交叉型技术创新扩散、品牌建设与产业集群协同发展模式，主要是指上述五种技术创新扩散、品牌建设与产业集群协同发展模式的贯通与叠加。上述六种模式的划分是相对的、动态的，根据是谁在模式中发挥主导作用，因此，仅供参考。

第七，案例分析表明，景德镇技术创新扩散、区域品牌建设与陶瓷产业集群协同发展的经验主要体现在：政府发挥自身优势，改善陶瓷产业技术与创新制度环境；打造人才高地与高新技术陶瓷产业集群。佛山陶瓷技术创新扩散、区域品牌建设与陶瓷产业集群协同发展的经验主要体现在：政府重视技术创新扩散、区域品牌建设与陶瓷产业集群转型、升级与协同发展；企业重视协同发展，形成研发、制造、营销、相关配套产业等环节较完善建筑卫生陶瓷产业链，建立环境友好型的总部经济式的产业集群，加大科技投入，打造知名品牌，从生产端掀起绿色和智能化改造，寻求逆势突围与突破；加强产学研战略合作是佛山陶瓷成功的关键；走出一条技术引进—消化吸收—技术创新—创国内名牌—打造国际品牌的产业集群发展之路。淄博陶瓷的技术创新扩散、区域品牌建设与陶瓷产业集群协同发展的经验主要体现在：政府重视陶瓷技术创新扩散、品牌建设与产业集群协同发展，加快对落后产能的淘汰转型速度，推动企业兼并重组；积极搭建中国财富陶瓷城、中国（淄博）陶瓷代理/经销商峰会、淄博市先进陶瓷产业技术创新战略联盟及淄博市高端新型建筑陶瓷产业技术创新联盟等协同发展平台；加速创新研发进程，助推淄博陶瓷产业升级；打造淄博陶瓷产业创新链。

景德镇、佛山与淄博技术创新扩散、品牌建设与陶瓷产业集群协同发展的对比分析表明：景德镇、佛山与淄博技术创新扩散、品牌建设与陶瓷产业集群协同发展的共同点主要体现在资源日益枯竭造成陶瓷原材料短缺、具有悠久的历史并逐步形成了陶瓷品牌与知名度、政府都非常重视陶瓷产业的发展、创新驱动陶瓷产业发展成为共识、开始重视陶瓷产业集群发展战略以及交通、物流等配套服务设施较齐全六个方面，同时三地陶瓷在观念、经营方式、创新活动、发展阶段、政府与市场上存在一些差异。

二、对策

根据上述分析与研究，结合党的十八届五中全会精神以及陶瓷产业未来发展趋势，我们对技术创新扩散、品牌建设与陶瓷产业集群协同发展提出如下对策：

（一）加强顶层制度设计，完善陶瓷产业健康发展的体制机制

根据党的十八届五中全会提出的“创新、绿色、协调、开放与共享”的理念，加强技术创新扩散、品牌建设与陶瓷产业集群协同发展

的顶层制度设计，深化改革，去除阻碍陶瓷产业健康发展的体制机制，建立完善的社会主义市场经济体制机制，正确处理政府、企业、大学、科研机构、中介机构及金融机构等不同参与主体的关系，充分发挥政府"看得见的手"、市场"看不见的手"以及企业的创新抓手，形成各方资源互补、互通有无、利益共享、风险共担的长效体制与机制。

（二）研究制定技术创新扩散、品牌建设与陶瓷产业集群协同发展战略

具体包括国家宏观发展战略、陶瓷产业发展战略及陶瓷企业发展战略，并处理好三者之间的关系。国家宏观发展战略是方向、是未来的行动指南；陶瓷产业发展战略是支撑；陶瓷企业发展战略是关键。陶瓷企业要积极实施陶瓷企业协同发展战略。重点实施以企业为主体的品牌战略，加大科技研发力度，加大企业的鼓励和扶持力度，推动企业争创更多的中国驰名商标和中国名牌产品，创造世界知名品牌；要特别注重对企业品牌、区域品牌的保护、开发和提升。推动实施陶瓷产业关键技术研发战略，突破核心技术瓶颈与关键装备制造，抢占核心技术高地；积极实施标准化战略，全面推动企业采用国家标准和国际先进标准，开展标准认证，参与国家或国际标准的制定，通过运用标准化战略来强化素质，提高生产经营效率和国际市场通行能力。实施差异化战略，避免同质化造成国内企业的内部竞争激烈，通过应用高新技术和现代化的科技手段，设计、开发出具有自主知识产权的新产品，以差异化取胜市场。实施人才强企战略，注重研发人才、设计人才、管理人才、营销人才及各类复合型的引进和培养，为品牌战略、研发战略、标准战略与差异化战略等提供可靠的人力资源保障。

（三）打造创新平台，提升自主创新能力

自主创新是一个企业乃至一个产业获得持续发展和赢得竞争优势的动力源，成为产业链分工的基础条件。当前，国际产业竞争已由加

工、制造的生产阶段转移到包括研究开发和营销、品牌在内的自主创新阶段。佛山陶瓷、淄博陶瓷等国内企业已达到一定的规模和水平，应推动其从跟踪模仿阶段向以技术、品牌、标准为主的自主创新阶段演进。要完善技术创新体系，鼓励企业建立研发机构，使所有大中型企业建立起技术中心或工程技术研究开发中心，提高对技术创新的投入和加大对创新人员的激励，开发更多的专利技术。同时，要加强对陶瓷研究开发中心、技术示范平台、研发基地等公共创新平台的建设，广泛开展产学研合作，加紧研究开发一批共性基础技术、关键技术和核心技术，提高整个陶瓷产业集群的创新能力和竞争力。

（四）加大品牌建设力度，打造知名陶瓷品牌

加大品牌建设力度，应借鉴国资委发布的《关于加强中央企业品牌建设的指导意见》，品牌建设应坚持整体规划原则，综合设计、统筹谋划，实现设计、研发、生产、营销、售后服务等环节的相互协同，形成合力；坚持突出重点原则，遵循品牌建设规律，结合企业自身实际，突出抓好“创新、品质、管理、诚信”等重点环节，找准品牌建设的突破口和着力点；坚持创新驱动原则，促进创新链、产业链与价值链相互作用、相互影响，实现持续增长；坚持分类实施原则，不同的企业分处在不同的行业和领域，要探索符合本企业特色的品牌建设路径，既要坚持统一规范，又要兼顾多样性；坚持循序渐进原则，制定中长期品牌战略规划，确定阶段性目标和行动方案，持之以恒，分步实施，扎实推进；坚持共享共生原则，考虑到不同主体的利益诉求与价值取向，努力实现参与各方利益的共生与共享，实现品牌的持久性。具体可从以下三方面入手：

1. 从打造区域品牌的角度看，政府加强对市场硬件的建设，塑造区域品牌

区域品牌的公共性决定了其建设工作必须坚持“政府主导、部门

联动、协同运营、企业参与”的工作原则。为此要发挥陶瓷所在地的技术创新优势与区域品牌效应，振兴当地陶瓷产业。实施区域品牌战略的指导思路应该是：以市场需求为导向，以陶瓷产业集群为依托，以丰厚的历史资源、文化资源为背景，以产品、服务为载体，以市场化运作为基本模式，整合、优化产业集群的区域资源，营造后发优势，提高陶瓷产业集群竞争力。

具体举措：一是建立现代化的陶瓷市场是陶瓷集群战略的关键之一。通过建设区域性陶瓷市场构建陶瓷集群的基础，从而形成陶瓷产品的集散中心、价格中心、信息发布中心和质量检测中心。二是要把市场建设与现代物流有机结合起来，发挥市场对陶瓷产业集群的拉动效应，在区域竞争中应突出地方特色，逐步培育出具有全国影响力的与国际市场接轨的陶瓷产品集散中心，区域品牌是大家共有的资源和财富，区域品牌传播力强，影响力大，通过政府行为打造区域品牌，可以大大增加属地产品的附加值。

2. 从打造企业品牌的角度看，鼓励有实力的国内陶瓷企业打造自主品牌

具体举措：一是鼓励有一定知名度的国内陶瓷企业，在做强做大自身的同时，通过兼并、重组、收购等不同手段，采用股份制等现代企业制度，打造陶瓷企业航空母舰。二是在全球价值链上选择与企业相关的跨国公司合作，通过外商直接投资、股份合作等方式，建立陶瓷生产基地、研发中心、营销中心和地区总部。吸引跨国公司的进入不仅可以为集群企业带来互补性资源，同时可以增强集群企业与陶瓷业全球价值链的联系。三是增强对外投资力度，鼓励有比较优势的各种所有制陶瓷企业到国外去投资，如到亚洲的印度尼西亚、菲律宾、孟加拉等或非洲、南美洲、北美洲的一些发展中国家以独资或合资等多种投资方式办厂，充分利用当地丰富廉价的人力、原料等资源以及投资和贸易自由化的优势，包括享受出口到欧美发达国家免配额等优

惠待遇，通过实现产业在全球范围内配置有效规避贸易摩擦和针对我国陶瓷产品反倾销的发生。四是鼓励产业集群内有一定规模和出口达到一定程度的名牌企业主动到欧美发达国家建立研发中心和营销中心，通过对所在地先进要素的吸收和消化来巩固国内的竞争地位和积极提高在国际分工中的地位。

3. 品牌建设要准确把握品牌定位，实施品牌战略

要结合企业总体发展战略、内外资源禀赋、企业文化传承等因素，加强顶层设计，制定或完善适合本企业的、具有独创性和吸引力的品牌战略，并与企业发展战略同步实施、系统推进。要将品牌战略作为最高竞争战略，渗透到公司运营管理的各个层面，建立以客户为中心、培育差异化竞争优势的品牌战略导向机制和流程，围绕品牌战略，优化资源配置，促进品牌建设与业务发展的协同。要保持品牌战略的稳定性，加强对品牌战略落实情况的督促检查和评价考核，持续加强品牌战略的贯彻执行。

（五）优化产业结构，促进产业升级，提高陶瓷产业集群综合竞争力

产业结构的优化升级和高度化是体现一个产业核心竞争力的重要因素。因此，陶瓷产业必须跟上国际产业调整重组的步伐，推进产业结构的战略性重组，提升结构竞争力。

具体举措：一是优化行业结构。要继续巩固提升高档工艺陶瓷、建筑陶瓷，大力发展卫生陶瓷、工艺美术陶瓷、特种陶瓷、陶瓷装备制造和化工色釉料，积极发展陶瓷物流、陶瓷会展、陶瓷旅游、陶瓷文化以及其他支援陶瓷产业发展的市场中介组织，延伸产业链，完善产业配套，增强根植性。二是优化产品结构。在建筑卫生陶瓷方面，主要以扩大规模以量取胜转变为以自主创新、质量、标准、品牌和服务取胜，把景德镇、佛山、淄博等地建设为全球高档工艺陶瓷、建筑陶瓷、卫生陶瓷的新技术、新工艺、新产品的主要发源地和产业与信

息的重要集散地。三是优化组织结构。通过联合、重组、兼并等方式推动企业做强做大，提高产业集中度。对那些资源消耗高、环境污染重、技术工艺落后、产品质量低劣、安全生产薄弱的企业，坚决实施关闭或调整转移。建议建立市场准入制度，对一定规模和标准以下的企业，除为产业配套必须外，对其进行调整转移。

（六）积极配合国家“一带一路”倡议，坚定不移地“走出去”，拓展国外市场

国家“一带一路”倡议为陶瓷产业或企业“走出去”提供很好的发展机遇。同时随着国际贸易保护主义的抬头和国际贸易壁垒的增多，陶瓷出口面临着严峻的形势，必须认清形势，正视现实，充分调动国内和国外两种资源，主动参与国际竞争。

具体举措：一是积极打破国外技术壁垒。有关主管部门和检测机构全面、准确、及时收集整理出口市场国家或地区的准入标准，并向所有陶瓷出口企业宣传，就如何针对不同国家或地区采取不同检测、获得不同认证进行指导和服务。同时，鼓励国内检测机构加强与国外权威检测机构的合作，获得国外权威检测机构的授权或资格互认，方便并推动企业取得相关认证。二是积极应对国外反倾销。有关部门和市陶瓷行业协会加强对反倾销知识的宣传教育与培训，提高整个行业对反倾销的认识和应对能力。通过政府部门、行业协会和企业联动，依托现代信息技术和管理手段，加强佛山陶瓷反倾销数据系统、出口监控体系、反倾销预警机制和反倾销人才队伍的建设，形成体制完善、反应灵敏、行动迅速的反倾销应对工作机制，提高反倾销应对能力。三是整顿陶瓷出口市场。提高陶瓷出口企业的准入标准，规范出口主体资格，提升总体出口竞争力。加强对代理进出口企业的管理，鼓励生产企业直接出口，减少中间环节和无序竞争。鼓励企业加强质量管理，确保每一批产品质量稳定，提升国内陶瓷的国际品质形象。四是鼓励国内知名品牌出口。对国内知名品牌出口的企业，在办理进出口、

检验检疫、出口退税等业务时给予优先。对于在国外设置工厂、建立产品研发中心、知名产品展示中心等给予政策支持。鼓励国外陶瓷企业利用中国知名陶瓷品牌进行品牌营销，建立联合技术示范平台、研发基地等，提升品牌的质量与价值。

三、未来展望

陶瓷产业作为历史悠久的传统产业，在全球应对气候变化与绿色发展的背景下，以及中国到2020年全面建成小康社会，建成创新型国家，这对未来陶瓷产业发展有重大影响，具体体现如下：

首先，绿色化发展是陶瓷产业未来的重要趋势。陶瓷行业现正向有利于人类文明健康的绿色（环保）陶瓷方向发展。绿色陶瓷的标准是：节约能源和原材料消耗，并做到物尽其用；对环境有污染的废气（SO_2、CO、CO_2、NO_x及烟尘等）尽量要少；对人类有害的废水（含铅、镉、汞、铬等重金属元素）尽量要少；对人类身体不利的放射性物质不存在；提倡生产自洁、抗菌、杀菌等保健功能的陶瓷；粉尘、游离二氧化硅尽量要少；噪声、热散失尽量要少；生产和工作环境要清洁、干净、舒适。今后陶瓷窑炉的发展方向是由过去提出的辊道化、煤气化、轻型化、自动化、大型化向绿色（环保、节能和智能型）窑炉方向发展。

其次，创新成为驱动未来陶瓷产业发展的关键。无论从思想观念、研发活动、技术开发、技术示范、技术应用，到技术产业化，创新无处不在，成为制约未来陶瓷产业发展的关键。谁掌握了关键技术、攻克技术瓶颈、制定了陶瓷产业发展的未来标准，谁就掌握了主动，就能在未来的全球竞争中居于有利地位。

最后，技术创新扩散、品牌建设与陶瓷产业集群协同发展的趋势将更加明显。随着互联网、云计算、大数据技术的发展，从组织管理方式、关键技术研发示范模式、主要设备制备突破等方面对陶瓷产业技术扩散、品牌建设及产业集群的协同发展产生重大影响，小中心大网络的组织模式，研发外包、虚拟研发中心等形式将层出不穷。未来只有以开放的心态，不断加强学习，提高自主创新能力，才能有效驾驭技术创新扩散、品牌建设与陶瓷产业集群协同发展、健康发展与可持续发展。

总之，自 2006 年我国实施科技中长期规划及党的十七大以来，尤其是党的十八大提出创新驱动发展战略，把创新作为未来发展的新引擎，到 2020 年把我国建成创新型国家，这将促使技术创新扩散、品牌建设与陶瓷产业集群发展的相互关系更加日趋紧密，未来将呈现动态化、一体化、虚拟化、网络化协同发展的趋势。

参考文献

[1] David M. Waguespack, Jo' Hanna Kristn Birnir. Foreignness and the diffusion of ideas. J. Eng. Technol. Manage. 2005 (22): 31 - 50.

[2] Freeman C. Networks of innovators: A synthesis of research issues. Research Policy, 1991, 20 (1): 499 - 514.

[3] Freeman C. The economics of industrial innovation. Cambridge: MIT Press, 1982.

[4] Jaffe A. B. , Trajtenberg M. Henderson R. . Geographic localization of knowledge spillovers as evidenced by patent citations. Quarterly Journal of Economics, 1993 (63): 577 - 598.

[5] Jaffe A. , Trajtenberg M. , Henderson R. Geographic localization of knowledge spillovers as evidence from patent citations. Quarterly Journal of Economics, 1993, 188: 577 - 598.

[6] Jan Nill. Diffusion as time dependent result of technological evolution, competition, and policies. Journal of Cleaner Production, 2008, 16 (S1): 58 - 66.

[7] Joanne Sneddon, Geoffrey Soutar, Tim Mazzarol. Modeling the faddish, fashionable and efficient diffusion of agricultural technologies: A case study of the diffusion of wool testing technology in Australia. Technological Forecasting & Social Change, 2011 (78): 468 - 480.

[8] Krugman P. Increasing returns and economic geography. Journal of Political Geography, 1991, 99 (3): 483 –499.

[9] MacDonald G. The benefits and costs of private investment from abroad: A theoretical approach [J] . Economic Record, 1960, 36 (73): 13 –35.

[10] Mansfield E. Industrial research and technological innovation, W. W. Norton, New York, 1968.

[11] Mansfield E. Technical change and the rate of imitation. Econometrics, 1961 (29): 741 –766.

[12] Metcalfe J. S. The diffusion of innovations: An interpretative survey. In: Dosi G. , Freeman C. , Nelson R, etc. eds. Technical change and economic theory. London; New York: Pinter Publishers, 1988.

[13] Piero Morosini. Industrial clusters, knowledge integration and performance. World Development. 2004, 32 (2): 305 –326.

[14] Porter M. E. Clusters and new economics of competition. Harvard Business Review, 1998 (11): 77 –90.

[15] Stoneman P. and Diederen P. Technology diffusion and public policy. The Economic Journal, 1994, 104 (7): 918 –930.

[16] Stoneman P. The economic analysis of technology policy. Oxford [Oxfordshire]: Clarendon Press, 1987.

[17] Zahra S. A. , Hayton J. C. The effect of international venturing on firm performance: The moderating influence of absorptive capacity. Journal of Business Venturing, 2008, 23 (2): 195 –220.

[18] 2015 年佛山市政府工作报告 . 2015 –02 –04. http: //www.gkstk. com/article/1423721409439. html.

[19] 蔡希贤，史焕伟 . 技术创新扩散及其模式研究 . 科技进步与对策，1995 (2): 25 –27.

［20］ 陈国宏，王丽丽，蔡猷花．基于 Bass 修正模型的产业集群技术创新扩散研究．中国管理科学，2010（18）：179－182.

［21］ 陈红霞．高精尖陶瓷空缺行业结构调整任重道远．第一财经日报，2011－09－15. http：//news. hexun. com/2011－09－15/133378502. html.

［22］ 陈建军．中国的转轨经济与江浙模式．江海学刊，2000（6）：3－9.

［23］ 陈套，冯锋．中国科学院成果转化与技术转移机构运作模式研究．科学管理研究，2014（4）：44－47.

［24］ 陈怡．基于产业集群的“北流陶瓷”区域品牌建设研究．广西大学硕士学位论文，2008.

［25］ 陈玥希，蔡建峰．基于动态创新联盟的中小企业技术创新扩散模式研究．科技进步与对策，2005，22（5）：8－9.

［26］ 戴雪梅．中国技术创新扩散机制理论与实证研究．上海交通大学博士学位论文，1999.

［27］ 丁卫东．产业集群效应拉动规模经济——中国建筑卫生陶瓷产业集群的问题．中国建筑卫生陶瓷，2004（12）：16－19.

［28］ 董景荣，周洪力．分析技术创新扩散过程的事件扩散新模型．科技进步与对策，2008，25（3）：29－32.

［29］ 董景荣．技术创新扩散的理论、方法与实践（第一版）．北京：科学出版社，2009.

［30］ 窦丽琛，李国平．对“后发优势”的国内实证——基于技术创新扩散视角的分析．经济科学，2004（4）：27－32.

［31］ 段存广，赖小东．基于产业集群的技术创新扩散动力因素分析．上海管理科学，2012，34（2）：88－92.

［32］ 段利钟，刘思峰．技术扩散市场溢出效应模型的理论研究．南京航空航天大学学报，2003，5（1）：32－36.

[33] 佛山陶企“御寒有术” 绿色智能逆势突围．南方日报，2016-01-26. http：//www. fstaoci. com/news/20161/26128001. htm.

[34] 傅家骥等．技术创新学．北京：清华大学出版社，1998.

[35] 高鸿业．西方经济学（微观部分）（第五版）．北京：中国人民大学出版社，2000.

[36] 国资委．关于印发《关于加强中央企业品牌建设的指导意见》的通知．[2014-02-27]．中华人民共和国中央人民政府网．

[37] 何雨薇，李小梅．从佛山陶瓷企业遭遇反倾销看中国民族品牌建设．经济研究导刊，2012（9）：90-91.

[38] 胡宝民．技术创新扩散理论与系统演化模型研究．天津大学博士学位论文，1999.

[39] 黄海洋，陈继祥．基于突破性创新的大学技术创新扩散过程及模式分析——以我国数字电视技术创新扩散为例．科学管理研究，2013（1）：13-17.

[40] 黄海洋．我国大学技术创新的扩散机理与模式研究．上海交通大学，2013.

[41] 康凯．技术创新扩散理论与模型（第一版）．天津：天津大学出版社，2004.

[42] 李国庆．陶瓷品牌面临“成长的烦恼”．现代技术陶瓷，2010（3）：51-54.

[43] 李海东．基于产业集群的景德镇陶瓷区域品牌建设研究．中共宁波市委党校学报，2012，34（2）：92-98.

[44] 李海东．基于社会网络分析方法的产业集群创新网络结构特征研究——以广东佛山陶瓷产业集群为例．中国经济问题，2010（6）：25-33.

[45] 李海东．景德镇陶瓷产业集群升级研究——从路径依赖到路径创造．中国陶瓷工业，2014，21（3）：22-27.

［46］李恒．模块化生产的激励机制与产业集群治理．商业经济与管理，2006（5）：41－45.

［47］李新春．企业家协调与企业集群——对珠江三角洲专业镇企业集群成长的分析//王珏．集群成长与区域发展．北京：经济科学出版社，2004.

［48］李应波，吕春燕，何建坤．基于创新型国家战略目标下的我国大学技术转移模式．研究与发展管理，2007，19（1）：63－71.

［49］刘善庆，陈文华，叶小兰．知识投入在陶瓷特色产业集群形成和发展中的作用．商业时代，2007（34）：92.

［50］刘善庆，陈文华．景德镇陶瓷特色产业集群的结构惯例特征．中国经济评论，2008，8（12）：60－63.

［51］刘善庆，叶小兰，陈文华．基于 AHP 的特色产业集群竞争力分析［J］．中国软科学，2005（8）：141－146.

［52］刘善庆．景德镇陶瓷特色产业集群技术进步的原因．中国经济评论，2008，8（9）：26－29.

［53］刘书艺，孙锐．产业集群技术创新扩散系统的复杂性研究．科技管理研究，2011（1）：180－183，190.

［54］刘文镇，施清凉，沈芳．打造陶瓷产业集群——记晋江陶瓷建材产业风采．中国质量与品牌，2004（12）：53－54.

［55］刘湘君．产业集群下技术创新扩散的外部性分析．全国商情·理论研究，2012（7）：10－11.

［56］刘小斌，罗建强，韩玉启．产学研协同的技术创新扩散模式研究．科学学与科学技术管理，2008（12）：48－52.

［57］刘拥军．四川省新万兴（集团）瓷业有限公司品牌建设研究．西南财经大学硕士学位论文，2007.

［58］刘友金．企业技术创新扩散及其模式选择．求索，2001（2）：8－10.

[59] 陆明祥. 职业教育对佛山陶瓷产业发展的影响. 佛山陶瓷, 2005, 15 (9): 31-33.

[60] 陆小成等. 基于技术创新扩散的虚拟企业组建模式选择研究. 科技管理研究, 2007 (11): 169-172.

[61] 罗桂芳, 陈国宏. 国内企业技术创新扩散的模式分析. 工业技术经济, 2002 (4): 64-65.

[62] 马歇尔. 经济学原理. 北京: 商务印书馆, 1965.

[63] 迈克尔·波特. 国家竞争优势. 北京: 华夏出版社, 2002.

[64] 梅萌, 林韵然. 四聚模式——遵循四聚模式建设创新国家. 中国高校科技与产业化, 2008 (9): 73-76.

[65] 邵云飞, 杜晓明. 产业集群内基于时间和距离的技术创新扩散模型研究. 科技进步与对策, 2011, 28 (20): 67-71.

[66] 沈静, 魏成. 环境管制影响下的佛山市陶瓷产业集群发展模式研究. 热带地理, 2011 (3): 304-310.

[67] 沈鹏熠, 郭克锋. 基于产业集群的区域品牌建设——模式、路径与动力机制. 特区经济, 2008 (6): 145-146.

[68] 汤长安. 产业集群初期技术创新扩散过程的博弈分析. 科技管理研究, 2008 (7): 538-541.

[69] 唐贵珍. 基于品牌成长规律的品牌建设研究. 中国集体经济, 2013 (28): 37-38.

[70] 田文佳. 知识密集型企业技术创新扩散影响因素研究. 哈尔滨工程大学硕士学位论文, 2013.

[71] 王丽萍. 基于我区产业集群的区域品牌建设研究. 企业导报 2013 (24): 80, 91.

[72] 魏江. 产业集群——创新系统与技术学习. 北京: 科学出版社, 2003.

[73] 吴建军, 仇怡. 我国 R&D 存量对国际贸易技术扩散效应的

影响研究．科学管理研究，2007，25（5）：99－101.

［74］吴峻．高端品牌建设需借力专业团队．陶瓷，2012，7（上）：54－55.

［75］吴庆文，李海东，黄弘等．景德镇与潮州陶瓷产业集群发展的比较分析．中国陶瓷工业，2007，14（4）：37－39.

［76］伍勇峰．景德镇打造高新技术陶业集群．陶瓷，2011（4）：73.

［77］武春友，戴大双，苏敬勤等．技术创新扩散．北京：化学工业出版社，1997.

［78］夏曾玉，谢健．区域品牌建设探讨——温州案例研究．中国工业经济，2003（10）：43－48.

［79］谢丽新．传统技术型产业集群成长与地区竞争力提升[J]．发展研究，2006（9）：82－85.

［80］薛振宏．唐山推动陶瓷业转型升级．陶瓷，2012，8（上）：68.

［81］杨树旺，易明，肖建忠．产业集群治理：结构、机制与模式——兼论我国产业集群治理存在的主要问题及对策建议．宏观经济研究，2008（1）：31－35.

［82］喻卫斌．试论基于产业集群的区位品牌．商业经济文荟，2004（6）：59－61.

［83］张纯，陈莎莉．景德镇陶瓷产业集群升级的对策研究——基于文化、艺术与商业融合的视角．中国陶瓷工业，2012，19（6）：54－57.

［84］张纯，卢卫忠，肖云．中国陶瓷业产业集群升级对策研究．中国陶瓷，2004，40（6）：1－3.

［85］张纯，吴芹，万幸．基于竞争能力提升的我国陶瓷行业的品牌建设．中国陶瓷，2006，42（5）：3－4.

[86] 张辉．全球价值链下地方产业集群转型和升级．北京：经济科学出版社，2006.

[87] 张新生．创新研发进程提速，助推淄博陶瓷产业升级．陶瓷信息，2015 淄博论坛特刊 T09，http：//www. ceramic-info. com/shownews. asp？ id =22133.

[88] 张新生．淄博市高端新型建筑陶瓷产业技术创新联盟成立．陶瓷信息，2015 －12 －24. http：//www. ceramic － info. com/shownews. asp？ ch =290&BM =6788&id =19932.

[89] 赵骅，吴丹黎．企业集群技术创新扩散过程的博弈分析．技术经济，2010（29）：37 －41.

[90] 中科院发展规划局．中国科学院统计年鉴．北京：科学出版社，2013：178 －182.

[91] 中科院科学传播局．中国科学院年鉴．北京：科学出版社，2013：78 －80.

[92] 周伯源．全球价值链视角下的陶瓷产业集群升级研究．中南大学硕士学位论文，2007.

[93] 周瑞敏．高新技术产业技术创新扩散溢出效应测度与效果评价．太原理工大学硕士学位论文，2012.

[94] 淄博发展建陶产业优劣势对比．2014 －07 －12. http：//www. ctaoci. com/html/2014 －07 －12/144951. html.

[95] 淄博市政府将重点支持 30 家左右的建陶企业．http：//news. dichan. sina. com. cn/2014/10/28/1249093. html.